SAS를 활용한

확률과 통계

김군찬 지음

KM 경문사

머리말

확률과 통계를 학습할 때 이론에 대한 전반적인 이해뿐만 아니라 통계적 분석을 위하여 확률, 통계량 등 많은 양의 계산이 필요하다. 간단한 문제에 대한 풀이는 손으로 다룰 수 있지만, 복잡한 문제나 반복적으로 실행을 거쳐야 답을 얻을 수 있는 문제는 컴퓨터 프로그래밍에 의존해야 한다. 이 책은 이공계에서 많이 쓰이는 SAS(Statistical Analysis System)를 소개하고 활용한다. SAS는 실험, 자료수집 등을 통해 얻은 자료들에 대하여 통계적 분석을 하기 위해 개발된 프로그램들을 하나의 시스템으로 구성한 통계패키지이다.

이 책은 크게 세 가지를 다룬다. 첫째는 SAS버전 8.2를 이용하여 SAS의 기본적인 사용방법, 기초문법, 프로그램 작성법, SAS의 여러 함수와 프러시저들의 사용법을 설명한다. 둘째는 셈의 방법에서부터 시작하여 확률의 계산, 확률분포 등을 거쳐 추정과 가설검정까지 확률과 통계의 기본개념과 이론을 살펴본다. 셋째는 앞에서 학습한 확률과 통계에 SAS의 적용 방법과 주어진 문제해결 또는 통계분석을 위한 SAS 프로그램의 작성과 실행을 다룬다.

이 책은 2부로 나뉘어 있으며 모두 16장으로 구성되었다. 제1부(제1장~제7장)는 SAS를 중점적으로 다룬다. 제1장에서는 SAS 프로그램의 기본 구조와 실행절차를 다루고, 제2장에서는 SAS 프로그램의 규칙, 함수, 연산자 등을 소개한다. 제3장에서는 자료의 입력과 출력 방법을 보여주고, 제4장에서는 조건부 실행문, do 문과 배열을 다룬다. DataSet(데이터 세트)의 수직적, 수평적 결합은 제5장에서, 정렬, 순위, 그래프 그리기 프러시저는 제6장, 그리고 means, univariate 등의 기초통계분석 프러시저는 제7장에서 다룬다.

제2부(제8장~제16장)는 확률과 통계의 이론과 이들에 대한 SAS의 적용방법을 다룬다. 제8장에서는 순열, 조합 등 셈의 방법을 소개하고, 제9장에서는 확률의 기본 개념과 여러 성질을 살펴본다. 제10장에서는 기대값, 분산, 적률생성함수를 정의하고, 제11장에서는 이산확률분포와 연속확률분포의 종류를 보여준다. 결합확률분포는 제12장에서, 공분산, 상관계수와 회귀분석은 제13장에서, t-분포와 카이제곱분포는 제14장에서, 점추정과 구간추

정은 제15장에서 그리고 가설검정은 제16장에서 살펴본다.

좋은 책을 만들려고 최대한 노력했지만 여러 가지로 부족한 점이 많으리라 생각된다. SAS를 익히고 다루며 통계자료분석의 적용에 조금이라도 도움이 되기를 바라며 앞으로 독자의 많은 발전이 있기를 바란다. 이 책의 출판을 위해 많은 노력을 해주신 경문사 출판사의 편집자분들께 진심으로 감사의 말씀을 드린다.

저자 씀

차례

제1부

제1장 SAS의 시작

제2장 SAS 프로그램의 기초

제3장 SAS 자료의 입력과 출력

제4장 선택 제어문

제5장 DataSet 자료의 조작

제6장 자료 정리 프러시저

제7장 기초 통계분석

제2부

제8장 셈의 방법

제9장 확률

제10장 기대값, 분산 및 적률

제15장 추정

제16장 가설검정

부록

제 1 부

제1장

SAS의 시작

SAS(Statistical Analysis System)는 불확실성을 내포하는 현상으로부터 얻은 자료들에 대하여 컴퓨터를 활용하여 통계적 분석을 하기 위해 개발된 프로그램들을 하나의 시스템으로 구성한 통계패키지이다. 이 통계패키지는 1966년 SAS 인스티튜트 사(SAS Institute Inc. in North Caroline)에서 개발되었으며 주로 이공학 분야에서 사용되고 있다. 사회과학분야에서 자료분석을 하기 위해 사용되는 패키지는 SPSS(Statistical Package for the Social Science)라 부른다.

1.1 SAS 프로그램의 기본 구조

SAS 프로그램은 기본적으로 아래와 같이 SAS DataSet(데이터 세트)을 형성하는 단계와 SAS DataSet에 속한 자료들의 처리, 실행, 통계분석 등을 하기 위한 proc(프러시저) 단계로 구성된다. data, run, proc는 예약어(key word)들이며 proc은 procedure의 축약어이다.

▷SAS 프로그램의 구조

```
data 자료 세트명;
    ⋮
run;

proc 프러시저명1;
    ⋮
run;

proc 프러시저명2;
    ⋮
run;
```

1.2 SAS 프로그램의 예

다음은 확률통계교육 수업에서 25명이 치른 중간고사 시험결과에 대한 통계적 분석을 얻고자 하는 프로그램이다.

```
/* Means procedure for midterm exam */
data prog1_1; /* DataSet 형성 단계 */
input score @@;
cards;
85 57 73 13 79 99 48 27 69 81
64 92 81 22 68 72 93 60 89 91
55 57 82 44 100
run; /* DataSet을 실행 */
proc print; /* Proc print 단계 */
run;
proc means; /* Proc means 단계 */
run;
```

위 프로그램의 각 문장들에 대한 문법과 의미는 아래와 같다.

- /* … */

  프로그램에 대한 설명, 문장의 의미 등을 달 수 있는 주석문이다. 프로그램 실행 시 기호 안에 작성된 문장은 무시된다.

- data prog1_1;

  DataSet 이름을 prog1_1로 선언하였다. SAS 문장(각 실행문장) 끝에는 세미콜론 ;을 항상 붙여준다. cards와 run 사이에 있는 자료들 끝에는 세미콜론을 붙이지 않는다.

- input score @@;

  cards와 run 사이에 있는 자료를 입력받을 변수를 지정하고 그 이름을 score로 선언하였다. 기호 @@는 cards 아래에 작성된 데이터를 읽을 때 첫 줄부터 시작하여 오른쪽 방향으로 자료들을 하나하나 모두 읽고 그 다음 줄로 이동하여 이를 되풀이하라는 것을 의미한다.

- **cards;**

  데이터 자료의 시작을 알린다.

- **run;**

  DataSet을 실행하라는 뜻이다(이 경우 run; 대신에 간단히 ;만 적을 수 있다).

- **proc print;**

  모든 변수의 값들을 출력창에 출력시키기 위하여 프러시저 print를 호출한다.

- **run;**

  proc print를 실행하라는 뜻이다.

- **proc means;**

  관측값(자료)의 수, 평균값, 표준편차, 최소값, 최대값 등 변수에 관련된 여러 기술통계량을 구하기 위하여 프러시저 means를 호출한다.

- **run;**

  proc means를 실행하라는 뜻이다.

위 프로그램의 결과는 다음과 같이 출력된다. Obs는 Observation의 축약어이며 Obs 아래에 주어진 숫자는 관측치(자료)에 순서대로 부여된 번호이다.

결과는 25개의 시험점수들에 대한 평균은 68.04, 표준편차는 23.6563593, 가장 작은 값은 13점, 가장 큰 값은 만점인 100점을 의미한다. 프러시저 means에 대해서는 제7장에서 자세히 다룬다.

실행결과

```
Obs    score

  1      85
  2      57
  3      73
  4      13
  5      79
  6      99
  7      48
  8      27
  9      69
 10      81
 11      64
 12      92
 13      81
 14      22
 15      68
 16      72
 17      93
 18      60
 19      89
 20      91
 21      55
 22      57
 23      82
 24      44
 25     100


The MEANS Procedure

분석 변수 : score

 N       평균값       표준편차        최소값         최대값
----------------------------------------------------------
25   68.0400000   23.6563593   13.0000000   100.0000000
----------------------------------------------------------
```

1.3 기본적인 실행절차

이 책은 SAS버전 8.2를 중심으로 실행절차를 설명하고자 한다. SAS 소프트웨어는 이미 독자의 컴퓨터나 실습실에 설치되어 있다고 가정하기 때문에 SAS버전 8.2의 설치과정은 생략한다.

컴퓨터 바탕화면에 있는 SAS의 아이콘

을 더블클릭하면 SAS의 초기화면이 아래와 같이 나타난다.

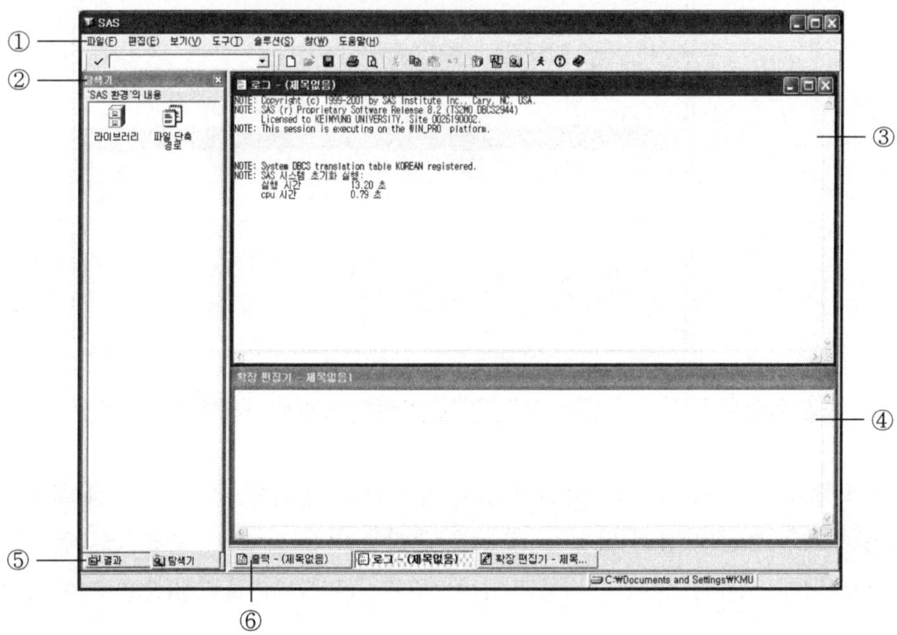

SAS의 초기화면은 크게 7가지 부분으로 구성된다.

① **메뉴 표시부분:** 화면 상단에 기본메뉴와 단축아이콘들을 나타낸다.
② **탐색기창:** 왼쪽에 위치하며 SAS 데이터와 카탈로그 정보를 담고 있다.
③ **로그창:** 오른쪽 중간에 위치하며 프로그램의 실행 과정, 오류메시지 등을 보여준다.

④ **확장편집기창:** 오른쪽 하단에 위치하며 프로그램을 직접 작성(입력)할 수 있는 공간이다.

⑤ **결과창:** 탐색기창으로 자동 팝업되며 결과 제목들이 보여진다. 결과가 여러 개일 때 제목을 클릭하면 그 제목에 해당하는 부분으로 이동할 수 있다.

⑥ **출력창:** 프로그램이 실행되어 결과가 나타날 때 자동으로 팝업된다.

⑦ **그래프창:** 자동으로 팝업되며 그려진 그래프를 보여준다.

다음은 위에서 다룬 프로그램(소스 프로그램)을 확장편집기창에 입력한 모습이다.

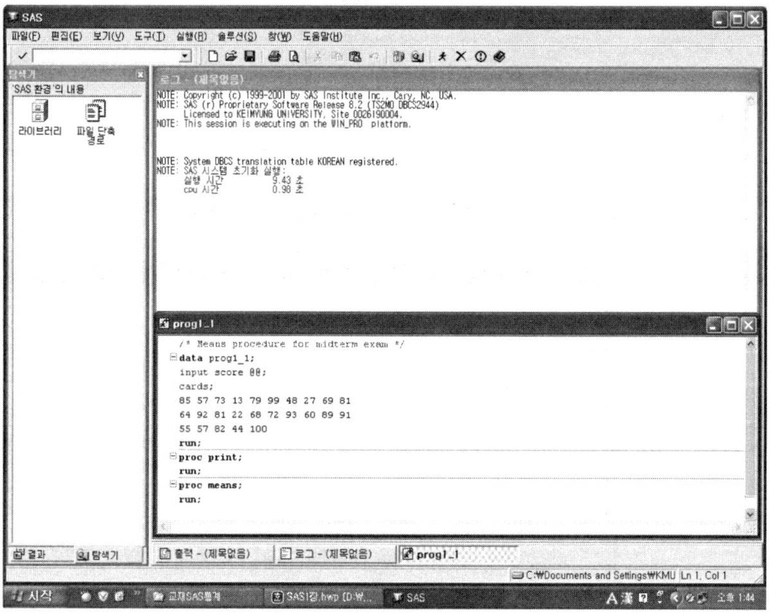

소스 프로그램은 워드로 작성하듯이 입력하면 된다. 입력을 모두 마친 뒤 화면 상단에 있는 실행 아이콘(사람이 달리는 모습)을 클릭하거나 '실행 → 실행' 메뉴를 선택한다. 프로그램에 오류가 없다면 다음과 같이 결과창(왼쪽)과 출력창(오른쪽)이 동시에 나타난다.

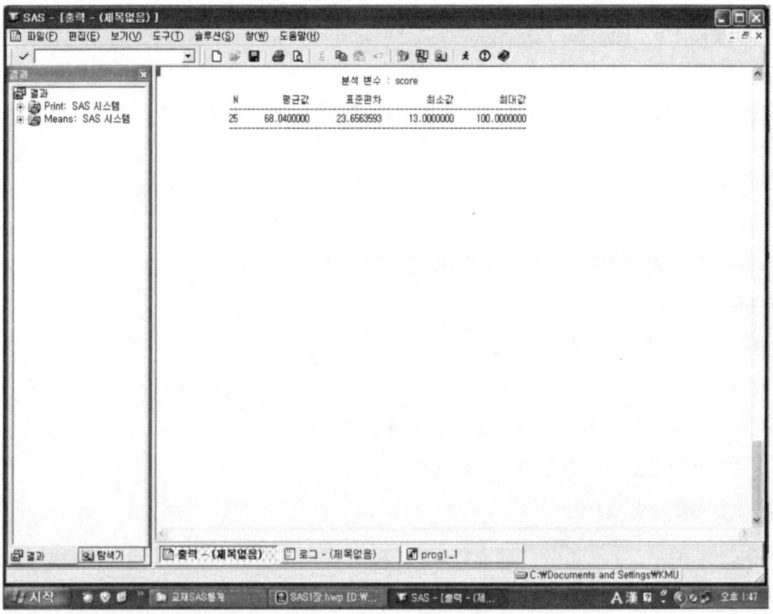

만약 출력창에 아무런 결과가 보이지 않으면 작성된 소스 프로그램에 오류가 있다는 것을 의미한다. 이 경우 로그창의 내용을 참고하여(오류가 발생할 만한 위치, 내용 등을 대략적으로 알려줌) 오류를 찾아 소스 프로그램을 수정(디버그)하고 다시 실행하도록 한다. 로그창과 확장편집기창을 다시 띄우기 위해서는 화면 하단에 위치한 각각의 아이콘을 클릭하면 된다. 경우에 따라서는 출력창에 결과가 나타날 때까지 이 과정을 여러 번 반복한다.

제1장 연습문제

01. SAS를 실행하여 초기화면을 띄우고 제1장에서 다룬 아래의 소스 프로그램을 입력하고 실행해보아라.

```
/* Means procedure for midterm exam */
data prog1_1;
input score @@;
cards;
85 57 73 13 79 99 48 27 69 81
64 92 81 22 68 72 93 60 89 91
55 57 82 44 100
run;
proc print;
run;
proc means;
run;
```

02. 다음은 어느 수학과목에서 30명이 치른 시험에 대한 점수들이다. SAS를 이용하여 이 점수들에 대한 평균과 표준편차를 구하여라.

```
67  55  89  37  77  54  80  67  92  100
95  64  34  78  50  63  85  73  61   60
90  85  72  48  93  73  88  82  45   75
```

제2장

SAS 프로그램의 기초

이 장에서는 SAS 문장의 기본규칙과 다양한 SAS 명령문들을 다루고 연산에 필요한 산술연산자, 비교연산자, 논리연산자들을 소개한다. 또한, exp(x), sin(x) 등과 같은 SAS의 내장함수들의 사용법을 익힌다.

2.1 SAS 문장의 기본 규칙

▷ data set 이름과 변수명

영문자, 숫자로 구성되며 최대 32자까지 가능하다. 밑줄 기호 _는 사용할 수 있으나 특수문자와 data 등과 같은 예약어(key word)는 사용할 수 없다. 다만 모든 이름은 영문자 또는 밑줄 기호로 시작해야 한다.

사용가능한 예	사용불가능한 예
test1	1test
score7	Score%7
StudentScore_7	*StudentScore7
_StudentScore	input

▷ 대 · 소문자

SAS에서는 일반적으로 대 · 소문자를 구별하지 않는다. 따라서 score7과 SCORE7은 같은 변수로 취급된다.

▷ 변수

숫자변수와 문자변수 두 종류가 있으며, 변수를 문자변수로 사용하고자 할 때에는 변수 뒤에 기호 $를 붙인다. 여러 변수들 x1, x2, ⋯, x10를 간략하게 x1- x10로 나타낼 수 있고, x와 c 사이의 모든 변수들은 x -- c로 표시할 수 있다. 특히 기호 _all_은 다루고 있는 모든 변수를 의미한다.

▷기호 @@

변수 옆에 기호 @@가 있으면 자료를 변수로 읽어들일 때 그 줄(행)에 있는 내용들을 차례대로 이어서 읽으라는 뜻이다. 이 기호가 없으면 하나(또는 한 세트)의 자료만 읽고 그 다음 줄로 바로 넘어간다. 즉, 각 줄에 첫 번째 자료만 읽어 들인다.

▷상수

상수로는 숫자상수와 작은 따옴표로 나타내는 문자상수가 있다.

예 숫자상수의 예: -2.7, 1000, 1.5E-03(1.5×10^{-3}을 의미함) 등
문자상수의 예: 'name', 'A' 등

결측치(missing value)는 마침표 . 로 표시한다.

▷SAS 문장의 끝

한 문장의 끝은 항상 세미콜론 ; 으로 표시한다.

▷주석문

프로그램에 대한 개요, 문장에 대한 설명 등을 다음과 같이 두 가지 방법으로 프로그램 곳곳에 작성할 수 있다. 다만 주석문은 프로그램 컴파일 시 무시된다.

```
* 이 프로그램은 …; (한 행일 경우)
또는
/* 이 프로그램은 … */ (한 행 이상일 경우)
```

▷Options 문

프로그램의 윗부분에 다음 예와 같은 옵션을 작성할 수 있다.

예

```
Options Linesize = 72 Pagesize = 20 nodate Missing = '*';
```

Linesize = 72: 한 줄에 출력되는 문자들의 수 - 기본값은 93

Pagesize = 20: 한 페이지에 출력되는 줄의 수 - 기본값은 21

nodate: 날짜를 출력하지 않음

nonumber: 쪽 번호를 출력하지 않음

Missing = '*' : 결측값은 기호 "*"로 표시함

▷Title 문

프로그램의 윗부분에 작성하며 아래의 예와 같이 각 페이지의 제목을 달 수 있다.

예

```
Title 'The Title of SAS Program';
```

예제 2.1

일곱 명의 대학생들을 대상으로 하루 평균 몇 잔의 커피를 마시는지 설문조사를 하였다. 다음은 각 학생에 대하여 학번, 이름, 성별, 몸무게, 키, 마시는 수(Num_Coffee)를 차례로 입력받고 그 내용을 출력하는 프로그램이다.

```
Options nodate Missing = '*';
Title 'Survey for Drinking Coffee Per Day';
data prog2_1;
input id name $ 6-12 gender $ weight height Num_Coffee;
cards; /* Num_Coffee는 하루에 커피를 마시는 평균 수 */
4723 Park P. M  75.4 165 5
5345 Shin J. F  51.2 159 4
4328 Choi S. F  50.4 170 7
5719 Park A. M  82.5 156 1
5368 Kim L.  F  58.1 160 5
4305 Kim E.  F  67.2 172 5
4614 Lee S.  M  62.3 180 6
```

```
run;
proc print;
run;
```

주목 name $ 6-12는 문자형 변수 name으로 cards에 있는 자료의 6열에서 12열 사이에 있는 문자들을 읽으라는 뜻이다. 또한 결측치가 있는 경우(자료가 빠져 있으면) 디폴트값(자동으로 설정되어 있는 값)으로 점 . 이 표시되지만 옵션에 있는 문장 Missing =' * '에 의해서 결측치는 *로 표시된다.

실행결과

```
          Survey for Drinking Coffee Per Day

                                                      Num_
 Obs   id     name     gender  weight  height   Coffee

  1   4723   Park P.     M      75.4    165       5
  2   5345   Shin J.     F      51.2    159       4
  3   4328   Choi S.     F      50.4    170       7
  4   5719   Park A.     M      82.5    156       1
  5   5368    Kim L.     F      58.1    160       5
  6   4305    Kim E.     F      67.2    172       5
  7   4614    Lee S.     M      62.3    180       6
```

2.2 SAS의 연산자

▷ 산술연산자

SAS에서는 수치계산에 필요한 다섯 개의 산술연산자가 있다.

연산자	의 미
+	덧셈
−	뺄셈
*	곱셈
/	나눗셈
**	거듭제곱

실행 우선순위는 **가 가장 높고 그 다음은 *과 /이며 마지막으로 +과 −이다.

예 $y=\dfrac{x^3+2x-1}{4}$을 SAS 문장으로 나타내면 다음과 같다.

```
y = (x**3 + 2*x − 1)/4
```

▷ 비교연산자

두 값 또는 식을 비교할 수 있는 여섯 가지의 비교연산자가 있다. 비교연산자의 연산결과가 참이면 1을 거짓이면 0을 할당한다.

연산자	의 미
< 또는 LT	작다
<= 또는 LE	작거나 같다
> 또는 GT	크다
>= 또는 GE	크거나 같다
= 또는 EQ	같다
^= 또는 NE	같지 않다

예 x=2일 때 문장 y=x>=3을 실행하면, x>=3는 참이 아니기 때문에 y에 0이 저장된다.

▷ 논리연산자

SAS에서 사용되는 논리연산자는 세 가지가 있다

연산자	의 미
& 또는 AND	논리곱(and)
| 또는 OR	논리합(or)
^ 또는 NOT	논리부정(not)

논리곱 연산자의 경우 기호 &을 중심으로 좌우의 식이 모두 참이면 연산결과는 1의 값을 가진다. 논리합 연산자의 경우 최소한 한쪽이 참이면 1의 값이 할당되고, 논리부정 연산자는 참이면 거짓의 값을 거짓이면 참의 값이 부여된다.

예 x=2일 때 문장 y=x<=3 & x**2=4을 실행하면 x<=3와 x**2=4가 모두 참이다. 따라서 '참 그리고 참'은 '참'이기 때문에 y에 1이 저장된다.

예제 2.2

일곱 명의 대학생들을 대상으로 하루 평균 몇 잔의 커피를 마시는지 설문조사를 하였다. 하루에 평균 다섯 잔 이상 마신 학생은 커피(카페인)에 중독(addict)되었다는 판단 아래 학생이 마신 횟수에 따라 1(중독) 또는 0(정상)의 값을 부여하였다. 또한 한 잔에 3,500원으로 계산하여 각 학생의 커피 구입비용(cost)을 산출하였다.

```
Title 'Usage of SAS Operators';
data prog2_2;
input id name $ 6-12 gender $ weight height Num_Coffee;
addict = Num_Coffee >= 5;  /* 중독성을 판단함 */
cost = 3500*Num_Coffee;    /* 비용 계산 */
```

```
cards;
4723 Park P.  M 75.4 165 5
5345 Shin J.  F 51.2 159 4
4328 Choi S.  F 50.4 170 7
5719 Park A.  M 82.5 156 1
5368 Kim L.   F 58.1 160 5
4305 Kim E.   F 67.2 172 5
4614 Lee S.   M 62.3 180 6
;
proc print;
run;
```

실행결과

Usage of SAS Operators

Obs	id	name	gender	weight	height	Coffee	addict	Num_ cost
1	4723	Park P.	M	75.4	165	5	1	17500
2	5345	Shin J.	F	51.2	159	4	0	14000
3	4328	Choi S.	F	50.4	170	7	1	24500
4	5719	Park A.	M	82.5	156	1	0	3500
5	5368	Kim L.	F	58.1	160	5	1	17500
6	4305	Kim E.	F	67.2	172	5	1	17500
7	4614	Lee S.	M	62.3	180	6	1	21000

예를 들어 Choi S. 학생은 커피에 중독되었다는 판단(addict = 1)을 받았으며 커피를 사 마시는 비용은 하루 평균 24,500원임을 알 수 있다. ■■■

2.3 SAS의 내장함수

▷ 기본적인 수학 함수

자주 쓰이는 기본적인 수학 함수는 다음과 같은 것들이 있다.

함 수	기 능
abs(arg)	절대값: $\mid\;\mid$
sqrt(arg)	제곱근: $\sqrt{\;}$
exp(arg)	지수: e
log(arg)	자연로그
log10(arg)	상용로그
fact(n)	n 계승: $n!$
max(arg, arg, …)	인수들 중 최대값
min(arg, arg, …)	인수들 중 최소값
dim(array name)	배열의 원소들의 수
sign(arg)	인수가 양수이면 1, 음수이면 −1
mod(arg1, arg2)	arg1를 arg2로 나눈 나머지
int(arg)	인수의 정수부분
round(arg, rou)	인수를 소수점 rou자리에서 반올림
normal(seed)	표준정규분포를 따르는 난수 생성
uniform(seed)	균일분포 U(0, 1)을 따르는 난수 생성

예 수학식 $y=\sqrt{x+1}-e^{0.2x}+\ln 5$을 SAS 수식으로 나타내면 다음과 같다.

y = sqrt(x +1) − exp(0.2*x) + log(5)

예 m = fact(6)인 경우 m = 720이 되며, n = int(2.72)로 두면 n = 2가 된다.

예제 2.3

다음은 반지름의 실제값($r = 5$)에 대한 원의 넓이를 구하고 다섯 개의 근사치 반지름들에 대한 원의 넓이들을 구하여, 각각 오차가 얼마인지를 알아보는 프로그램이다.

```
Title 'Area of Circle';
data prog2_3;
r = 5 pi = 3.14159;
Areal = pi*r**2;            /* 실제 원의 넓이 계산 */
name = 'Hong Kil Dong';
input x @@;
Acal = pi*x**2;             /* 원 넓이의 근사치 계산 */
error = abs(Acal-Areal); /* 오차 계산 */
cards;
4.9  5.2  5.0  4.8  5.3
;
proc print;
run;
```

실행결과

```
                    Area of Circle

Obs  r     pi       Areal         name        x     Acal    error

 1   5   3.14159  78.5398  Hong Kil Dong  4.9  75.4296  3.11017

 2   5   3.14159  78.5398  Hong Kil Dong  5.2  84.9486  6.40884

 3   5   3.14159  78.5398  Hong Kil Dong  5.0  78.5398  0.00000

 4   5   3.14159  78.5398  Hong Kil Dong  4.8  72.3822  6.15752
 5   5   3.14159  78.5398  Hong Kil Dong  5.3  88.2473  9.70751
```

주목 SAS는 π를 인식하지 못하기 때문에 위와 같이 π의 값을 임의의 변수에 선언하여 사용한다.

■■■

▷ 삼각함수

함 수	기 능
sin(arg)	sine 함수의 값
cos(arg)	cosine 함수의 값
tan(arg)	tangent 함수의 값
sec(arg)	secant 함수의 값
csc(arg)	cosecant 함수의 값
cot(arg)	cotangent 함수의 값
arsin(arg)	arcsine 함수의 값
arcos(arg)	arccosine 함수의 값
atan(arg)	arctangent 함수의 값
sinh(arg)	hyperbolic sine 함수의 값
cosh(arg)	hyperbolic cosine 함수의 값
tanh(arg)	hyperbolic tangent 함수의 값

▷ 문자 관련 함수

함 수	기 능
length(arg)	인수의 길이
lowcase(arg)	소문자로 변환
upcase(arg)	대문자로 변환

예제 2.4

네 명의 학생들에 대한 성, 이름, 하루 동안 스마일 한 횟수(smile), 찡그린 횟수(grimace), 기분수치(mood)를 읽고 arctangent($\tan^{-1}x$) 함수를 활용하여 그 날의 행복지수(happyindex)를 계산하는 프로그램이다. 이 프로그램은 학생들의 성을 대문자로 모두 변환하여 출력한다.

```
Title '행복지수 계산 프로그램';
data prog2_4;
input fname $ name $ smile grimace mood;
happyindex = 2.5*smile**2 - 50*atan(grimace) + mood/10;
fname = upcase(fname); /* 대문자로 변환 */
cards;
Kim Joomok 15 3 327
Ahn Sunkyeong 10 5 140
Kim Wankoo 5 10 -205
Park Dul 10 10 5.79
;
proc print;
run;
```

실행결과

```
                    행복지수 계산 프로그램

Obs   fname    name      smile  grimace    mood    happyindex

 1     KIM    Joomok      15       3      327.00    532.748
 2     AHN    Sunkyeon    10       5      140.00    195.330
 3     KIM    Wankoo       5      10     -205.00    -31.556
 4     PARK   Dul         10      10        5.79    177.023
```

■■■

다음은 확률 및 통계에 관련되는 SAS 기본 함수들이다.

▷기본 확률 · 통계 함수

함 수	기 능
sum(arg, arg, …)	합
range(arg, arg, …)	범위
mean(arg, arg, …)	산술평균

함 수	기 능
var(arg, arg, …)	분산
std(arg, arg, …)	표준편차
css(arg, arg, …)	수정제곱합
uss(arg, arg, …)	비수정제곱합
skewness(arg, arg, …)	왜도
kurtosis(arg, arg, …)	첨도
probbnml(p, n, m)	이항분포
poisson(m, n)	포아송분포(평균 m)
probnorm(x)	표준정규분포
probchi(x, df)	카이제곱분포(자유도 df)
probt(x, df)	T 분포(자유도 df)
probhypr(N,K,n,x)	초기하분포
probf(x,ndf,ddf)	F 분포
css(arg, arg, …)	수정 제곱합
uss(arg, arg, …)	비수정 제곱합
cv(arg, arg, …)	변동계수
nmiss(arg, arg, …)	결측값의 개수

제2장 연습문제

01. 다음을 일반수식 또는 SAS 수식으로 나타내어라.

(a) y = x**4 + 2*sqrt(3*x − 1) − 7/exp(x) +1

(b) $z = \dfrac{\tan(9x+8)}{\log(x)-6} + |4x-5| - 2e$

02. 다음 물음에 답하여라.

(a) x=3일 때 문장 y = x< = 3 & x**2=6을 실행하면 y의 값은?

(b) x=3일 때 문장 z = x > 3 | x − 2 = 1을 실행하면 z의 값은?

03. 주사위를 하나 던졌을 때 윗면에 하나의 숫자가 나오듯이, 난수를 생성하는 함수 uniform을 사용하여 1에서 6 사이의 정수 난수를 하나 생성하는 SAS 문장을 적어보아라.

04. 예제 2.3과 유사하게 구의 부피$\left(V = \dfrac{4}{3}\pi r^3\right)$를 계산하며 오차를 구하는 프로그램을 작성하고 실행하여라. 이름은 본인 이름을 입력하고 자료는 10개를 사용하여라. 실제 반지름 값과 근사치 반지름 값들은 각자 임의로 정하여라.

05. 다음 여섯 명의 학생들에 대한 성, 이름, 하루 동안 스마일 한 횟수, 찡그린 횟수, 기분수치를 읽고 예제 2.4와 같이 이들 각각의 행복지수를 계산하는 프로그램을 작성하고 실행하여라. 학생들의 성과 이름은 모두 소문자로 변환하여 출력하여라.

```
Kim Joomok   15  3  327   Ahn Sunkyeong  10  5  140
Kim Wankoo    5 10 -205   Park Dul       10 10  5.79
Lee Soonsoo 11  5 -100   Kwon Hoshik     3  9  20
```

제3장

SAS 자료의 입력과 출력

이 장에서는 SAS 자료의 입력과 출력 방법을 다룬다. 입력 방법으로는 프로그램 내에 작성된 자료를 읽는 input 문, 외부에 데이터 파일을 생성하여 이로부터 자료를 입력받고자 할 때 사용하는 infile 문, 이미 실행된 다른 프로그램 내의 DataSet를 활용할 수 있도록 해주는 Set 문이 있다. 출력방법으로는 데이터나 결과를 출력창에 출력하는 print 문, 로그창에 출력하는 put 문, 프로그램 실행 중간과정을 출력하는 output 문이 있다.

3.1 프로그램 내에 직접 입력

input 문은 SAS 프로그램 내에 작성된 자료를 지정한 변수로 읽는 문이다. 변수 또는 변수들의 이름은 input이라는 키워드를 적은 후 한 칸(또는 한 칸 이상) 띄운 다음 선언한다. 이 변수들에 입력될 자료들은 cards 문 아래에 작성한다. 자료 입력은 자유 입력, 열 지정 입력, 포맷 입력 세 가지 형식을 취할 수 있다.

▷자유 입력 형식:

input 문에 변수들의 이름만 지정해준다.

예

```
input fname $ weight x y1-y4 score;
```

변수 fname 다음에 표시된 기호 $는 fname이 문자 데이터를 받아들일 수 있는 문자형 변수임을 알려준다. 이 기호가 없으면 숫자형 변수임을 의미한다. weight와 그 다음에 나열된 변수들은 숫자형 변수들이다. y1-y4는 네 개의 숫자형 변수 y1, y2, y3, y4를 줄여 표시한 것이다. 변수 이름 뒤에 일련의 숫자가 포함되는 경우 이와 같은 축약 표현이 가능하다.

▷열 지정 입력 형식:

변수 다음에 읽어 들이는 자료의 시작과 끝을 알리는 열의 번호를 아래의 예와 같이 명기한다.

예

```
input id 1-4 name $ 6-12 gender $;
```

id 1-4는 첫째 칸(열)에서 넷째 칸 사이에 있는 숫자를 변수 id에 읽어 들이라는 뜻이다. name $ 6-12는 여섯 번째 칸과 열두 번째 칸에 있는 문자를 변수 name에 입력하라는 의미이다.

▷포멧 입력 형식:

읽어 들일 칸의 수와 소수점 이하 자릿수를 지정해주는 방식이다.
아래의 예제와 같이 fname $ 3.은 첫 3칸에 있는 자료를 문자 변수 fname에 입력하고, name $ 10.은 그 다음 10칸에 있는 자료를 문자변수 name에, smile 2.은 그 다음 2칸에 있는 자료를 숫자 변수 smile에, mood 3.1은 그 다음 3칸에 있는 자료를 소수점 아래의 자리 수가 하나가 되도록 만들어 숫자변수 mood에 입력하라는 뜻이다. 예를 들면 숫자 327, 140, -205, 5.79은 모두 16칸부터 시작되기 때문에 327은 32.7로 바뀌며, -205의 경우 첫 3칸은 -20이 되며 이를 소수점 아래의 자리 수가 하나가 되게 만들면 -2.0이 된다. 5.79의 경우 첫 3칸은 5.7이며 이는 이미 우리가 원하는 형태이므로 5.7로 출력된다.

예제 3.1

각 학생의 성, 이름, 스마일 횟수, 기분수치의 변수 값을 포맷 형식으로 입력받는다.

```
data prog3_1;
input fname $ 3. name $ 10. smile 2. mood 3.1;
cards;
KimJoomok 15327
AhnSunkyeong 10140
KimWankoo 5-205
LeeDul 105.79
;
proc print;
run;
```

실행결과

포멧 입력 방식

Obs	fname	name	smile	mood
1	Kim	Joomok	15	32.7
2	Ajn	Sunkyeong	10	14.0
3	Kim	Wankoo	5	-2.0
4	Lee	Dul	10	5.7

주목 1 하나의 관측값의 자료가 두 줄로 작성된 경우(한 줄로 작성하기에 너무 긴 경우) 기호 /를 사용한다.

■■■

예

```
input id fname $ gender $ / y1-y4;
 cards;
 4323 Hong M
 12 33 25 84
 4712 Kim F
 47 11 62 14
 run;
```

주목 2 어떤 관측값들은 변수 x에 대한 자료가 있고 변수 y에 대한 자료는 없는 반면 어떤 관측값들은 변수 x에 대한 자료는 없고 변수 y에 대한 자료는 있는 경우가 있다. 이 때 input 문의 끝 부분에 기호 @ 지정자를 붙이면 @ 이전에 선언된 변수들은 보통 방식으로 자료를 입력받을 수 있지만 선언되지 않은 다른 변수들에 대한 자료의 입력은 조건에 의하여 자료를 입력받을 수 있다.

다음 예는 input 문에서 골뱅이 기호 @가 하나 만 삽입되는 경우이다. 먼저 변수 id, fname, gender로 자료들을 순서대로 읽어 들이고 만약 성별이 F(여성)이면 변수 y1로 그 다음 자료를 입력 받고 M(남성)이면 네 개의 변수 y1, y2, y3, y4로 네 개의 자료들을 입력 받는다. 세 번째 관측치의 경우 성별이 여성이기 때문에 23의 값만 y1에 저장되고 나머지 변수들에 대한 값들은 결측값을 나타내는 마침표 .가 부여된다(if 문은 제4장에서 자세히 다룬다).

예

```
data Golbang_one;
 input id fname $ gender $ @;
 if gender = 'F' then input y1;
 else input y1-y4;
 cards;
 4712 Kim   F 47
 4323 Hong  M 12 33 45 67
 3323 Park  F 23 45
 run;
 proc print;
 run;
```

실행결과

Obs	id	fname	gender	y1	y2	y3	y4
1	4712	Kim	F	47	.	.	.
2	4323	Hong	M	12	33	45	67
3	3323	Park	F	23	.	.	.

3.2 외부 파일로부터의 입력

이미 작성된 외부 파일로부터 자료를 입력받을 때는 cards 문 대신 infile 문을 사용한다. 외부 데이터 파일은 "메모장" 등으로 작성한 아스키(ASCII) 파일이어야 한다.

▷infile 문의 일반형식:

```
infile '외부 데이터 파일 위치 및 이름' options;
```

infile 문의 옵션과 그 기능은 아래와 같다.

options	기 능
firstobs = n	n번째 줄부터 자료를 읽는다
ls = n	한 줄에 n번째 열까지만 자료로 간주한다
obs = n	n번째 줄까지만 읽는다

예를 들면, 다음 자료들을 메모장을 실행시켜 입력시키고

```
Kim   Joomok       15  3  327
Ahn   Sunkyeong    10  5  140
Kim   Wankoo        5 10 -205
Park  Dul          10 10   5.79
```

prog2_4.txt라고 명명한 뒤 드라이브 D, 폴더 datafile 안에 저장한다. 이제 아래의 두 문장을 프로그램에 삽입하면 'D\datafile\prog2_4.txt'에 있는 자료들을 변수 fname, name 등으로 읽을 수 있다.

```
infile 'D:\datafile\prog2_4.txt';
input fname $ name $ smile grimace mood;
```

예제 3.2

드라이브 D, 폴더 datafile 안에 저장되어 있는 데이터 파일 prog3_2.txt의 내용을 읽어들이고 프로그램을 실행한다. firstobs = 3은 세 번째 줄부터, obs = 6는 위에서 여섯 번째 줄까지만 읽음을 의미한다.

- 'D₩datafile₩prog3_2.txt'의 내용:

```
/* 외부 파일 */
/* infile 문 데이터 파일임 */
4723 Park P. M 75.4 165 5
5345 Shin J. F 51.2 159 4
4328 Choi S. F 50.4 170 7
5719 Park A. M 82.5 156 1
5368 Kim L. F 58.1 160 5
4305 Kim E. F 67.2 172 5
4614 Lee S. M 62.3 180 6
* This is the last line;
```

- **프로그램** prog3_2:

```
title 'infile 문';
data prog3_2;
infile 'D:\datafile\prog3_2.txt' firstobs = 3 obs=6;
input id name $ 6-12 gender $ weight height Num_Coffee;
addict = Num_Coffee >= 5;
cost = 3500*Num_Coffee;
;
proc print;
run;
```

실행결과

infile 문

Obs	id	name	gender	weight	height	Num_ Coffee	addict	cost
1	4723	Park P.	M	75.4	165	5	1	17500
2	5345	Shin J.	F	51.2	159	3	0	14000
3	4328	Choi S.	F	50.4	170	7	1	24500
4	5719	Park A.	M	82.5	156	1	0	3500

주목 obs=6의 지정으로 인하여 네 개의 관측값만 출력되었다. ■■■

3.3 Set 문의 활용

Set 문은 새롭게 DataSet를 생성할 필요없이 앞에서 사용한 다른 프로그램의 DataSet를 활용할 수 있도록 해준다. 이전 DataSet에 포함된 자료들의 선별적 추출 등은 제5장에서 자세히 다룬다.

▷set 문의 일반형식:

set 기존의 DataSet명;

예제 3.3

prog2_4에 있는 자료들을 set 문을 이용하여 읽어들이고 각 관측값의 이름을 소문자로 변환한다.

```
title 'set 문 사용';
data prog3_3;
set prog2_4;
name = lowcase(name); /* 소문자로 변환 */
run;
proc print;
run;
```

실행결과

set문 사용

Obs	fname	name	smile	grimace	mood	happyindex
1	KIM	joomok	15	3	327.00	532.748
2	AHN	sunkyeon	10	5	140.00	195.330
3	KIM	wankoo	5	10	-205.00	-31.556
4	PARK	dul	10	10	5.79	177.023

3.4 출력창으로의 결과 출력

프러시저 print는 전부 또는 일부의 자료와 실행결과들을 출력창에 출력시킨다. 프러시저 print의 일반 형식은 다음과 같다.

▷ proc print의 일반 형식:

```
proc print 옵션들;
   id 변수명들;
   var 변수명들;
   format 변수 포맷형식;
   by 변수명들;
   sum 변수명들
```

print 문의 옵션은 다음과 같다.

- **data = DataSet명:** 출력하고자하는 DataSet 자료의 이름을 명기한다. 이 옵션이 생략되면 가장 최근에 다룬 DataSet의 자료를 출력한다.

- **noobs:** 관측값 번호를 출력하지 않는다.

- **label:** 변수의 이름 대신 지정한 변수의 라벨을 출력한다.

예

```
label gender = '성별';
proc print label;
```

- **double:** 한 행씩 간격을 두어 출력한다.

예제 3.4

prog2_4에 있는 자료들을 set 문을 이용하여 읽어 들이고 프러시저 print의 옵션들을 활용한다.

```
title '프러시저 print의 옵션들 활용';
data prog3_4;
set prog2_4;
label smile = '스마일' grimace = '찡그림';
run;
proc print noobs double label;
run;
```

실행결과

프러시저 print의 옵션들 활용

fname	name	스마일	찡그림	mood	happyindex
KIM	Joomok	15	3	327.00	532.748
AHN	Sunkyeon	10	5	140.00	195.330
KIM	Wankoo	5	10	-205.00	-31.556
PARK	Dul	10	10	5.79	177.023

■■■

프러시저 print의 명령문들의 의미는 아래와 같다.

- id: 이 문에 지정된 변수(또는 변수들)는 대표성을 갖는 식별변수로 설정되며 다른 변수들보다 먼저 출력된다. 관측값의 번호(Obs)는 출력되지 않는다.

- var: 출력하고자 하는 변수들의 이름들을 지정한다. var 문이 생략되면 앞에서 보았듯이 DataSet에 사용된 모든 변수들을 출력한다.

- format: 출력형식을 지정해준다.

format 변수명 fw.d

여기서 f는 부동소수형(실수형)으로 출력함을 의미한다. w는 부호 −, 마침표 .를 포함한 전체 자리 수이고 d는 소수점 이하의 자리 수를 뜻한다. 기호 f는 생략 가능하다.

예

```
x=12.345678;
y=12.345678;
z=exp(1.0);
run;
proc print;
format x 8.4 y 8.0 z 5.2; /* y 8.0은 정수를 의미함 */
run;
```

실행결과

Obs	x	y	z
1	12.3457	12	2.72

- by: 변수의 값들에 따라 자료들을 분할하여 출력한다. by 문을 활용하는 경우 프러시저 sort를 이용하여 지정된 변수들의 값들을 먼저 정렬을 시켜주어야 한다. 반면에 class문은 by 문과 같은 기능을 가지지만 정렬을 하지 않아도 된다.

- sum: 지정된 변수들의 값들에 대하여 합을 한 후 마지막 값을 다음 행에 출력한다.

예제 3.5

prog2_4에 있는 자료들을 set 문을 이용하여 읽고 프러시저 print의 속성들을 활용한다.

```
title '프러시저 print의 속성들 활용';
data prog3_5;
set prog2_4;
label smile = '스마일' grimace = '찡그림';
run;
proc print label;
  id name;
  var smile grimace happyindex;
  format happyindex f6.2;
  sum smile grimace;
run;
```

실행결과

```
                프러시저 print의 속성들 활용

          name         스마일      찡그림     happyindex

      Joomok             15          3         500.05
      Sunkyeong          10          5         181.33
      Wankoo              5         10         -11.06
      Dul                10         10         176.44
                      =======    =======
                         40         28
```

예제 3.6

prog2_2에 프러시저 print의 속성 by 문을 추가하였다. by 문을 사용하기 위해서는 먼저 by 문에 지정될 변수를 프러시저 sort(제6장 참조)를 이용하여 정렬을 해주어야 한다.

```
Title 'by 문의 활용';
data prog3_6;
input id name $ 6-12 gender $ weight height Num_Coffee;
addict = Num_Coffee >= 5;
```

```
cost = 3500*Num_Coffee;
cards;
4723 Park P. M 75.4 165 5
5345 Shin J. F 51.2 159 4
4328 Choi S. F 50.4 170 7
5719 Park A. M 82.5 156 1
5368 Kim L.  F 58.1 160 5
4305 Kim E.  F 67.2 172 5
4614 Lee S.  M 62.3 180 6
;
proc sort;
by gender;        /* 자료들을 분할하기 위해서 정렬이 필요함 */
proc print;
by gender;        /* 자료별로 분할 출력함 */
run;
```

실행결과

```
                          by 문의 활용
------------------------- gender=F -------------------------

                                                Num_
  Obs     id     name     weight   height   Coffee   addict    cost

   1     5345   Shin J.    51.2      159       4        0      14000
   2     4328   Choi S.    50.4      170       7        1      24500
   3     5368    Kim L.    58.1      160       5        1      17500
   4     4305    Kim E.    67.2      172       5        1      17500

------------------------- gender=M -------------------------

                                                Num_
  Obs     id     name     weight   height   Coffee   addict    cost

   5     4723   Park P.    75.4      165       5        1      17500
   6     5719   Park A.    82.5      156       1        0       3500
   7     4614    Lee S.    62.3      180       6        1      21000
```

■■■

숫자변수의 값들을 출력할 때 상황에 따라서는 그 값들 대신에 그 값들이 갖는 의미나 설명을 출력하면 결과를 분석하고 이해하는데 큰 도움이 된다. 이런 경우 다음과 같이 프러시저 format을 활용한다.

▷proc format의 사용 형식:

```
proc format;
  value 새 변수 명 변경할 내용;
run;
proc print;
  format 원래 변수명 새 변수명.;
run;
```

주목 원래 변수명 다음의 새 변수명 뒤에는 반드시 마침표 .을 찍어준다.

예제 3.7

아래는 어떤 학과의 학생들에게 학과의 만족도에 대한 설문조사를 실시하고 그 결과를 나타낸 프로그램이다. 변수 result의 값들 1, 2, 3, 4, 5은 매우 불만족, 불만족, 보통, 만족, 매우 만족을 차례대로 의미한다. 그러나 출력할 때는 1, 2, 3, 4, 또는 5 대신에 매우 불만족, 불만족, 보통, 만족, 또는 매우 만족으로 표시한다.

```
title 'use of proc format';
data proc_format;
input id gender $ year $ eval result @@;
cards;
4234 M Senior 6.5 3 4923 F Freshman 8.5 4
4345 F Freshman 7.2 4 4974 F Junior 9.4 5
4737 M Sophomore 5.1 2 4038 M Senior 3.6 1
4288 M Freshman 6.3 3 4326 F Sophomore 8.8 5
run;
proc format;
```

```
value satisfaction 1='매우 불만족' 2='불만족' 3='보통' 4='만족' 5=
  '매우 만족';
run;
proc print;
format result satisfaction.;
run;
```

실행결과

```
                    use of proc format

 Obs     id    gender     year        eval     result

   1    4234     M      Senior        6.5       보통
   2    4923     F      Freshman      8.5       만족
   3    4345     F      Freshman      7.2       만족
   4    4974     F      Junior        9.4     매우 만족
   5    4737     M      Sophomor      5.1      불만족
   6    4038     M      Senior        3.6    매우 불만족
   7    4288     M      Freshman      6.3       보통
   8    4326     F      Sophomor      8.8     매우 만족
```

■■■

3.5 로그창에 출력하는 put 문

put 문을 사용하면 DataSet의 자료들은 기본적으로 로그창에 출력된다. 하지만 file 문과 함께 사용하면 로그창이 아닌 출력창이나 영구히 보존이 가능한 외부 파일에 출력시킬 수 있다.

▷ put 문의 사용 형식:

```
put 선택 사항들;
```

put 문의 선택사항들로는 변수, 변수들의 출력방식(w.d 형식임: w는 전체 자릿수, d는 소수점 이하의 자릿수), 전체적인 출력 형태(디자인) 등을 지정할 수 있다. 특히, 작은따옴표 안에 표시된 문자열은 표시된 그대로 출력된다. 아래와 같이 put 문의 출력 조정자를 사용하면 포인터를 원하는 곳으로 이동시킬 수 있어 전체적인 출력 형태를 깔끔하게 꾸밀 수 있다.

출력 조정자	기 능
page	새로운 페이지의 첫 번째 줄로 이동
/	다음 줄 첫 번째 칸으로 이동
#n	다음 n번째 줄의 첫 번째 칸으로 이동
@n	현재 줄의 n번째 열로 이동

▷ file 문의 사용 형식:

file 문은 put 문 이전에 표시되어야 한다. 로그창이 아닌 출력창에 자료를 출력하고자 한다면 다음과 같이 지정하고

```
file print;
```

ASCII 파일에 자료를 출력(저장)할 경우 다음과 같이 적어 준다.

file '파일 위치 및 이름';

예제 3.8

put 문을 사용하여 prog2_4에 있는 자료들을 외부파일에 저장하는 프로그램이다.

```
data prog3_8;
set prog2_4;
file 'D:\datafile\prog3_8.txt';
if _N_ = 1 then
put _page_
   // @20 '****************************************'
    / @35 'put 문의 활용'
    / @20 40*'*'
    / @21 'name' @30 'smile' @40 'grimace' @50 'happyindex'
    / @20 40*'-';
put @20 name @31 smile @42 grimace @52 happyindex 6.2;
run;
```

실행결과(D:\datafile\prog3_8.txt'의 내용)

```
                   ****************************************
                                put 문의 활용
                   ****************************************
                    name        smile     grimace   happyindex
                   ----------------------------------------
                   Joomok        15          3         500.05
                   Sunkyeon      10          5         181.33
                   Wankoo         5         10         -11.06
                   Dul           10         10         176.44
```

주목 _N_ 은 SAS를 실행할 때 자동으로 생성되는 자동변수이며 data 부분의 실행에서 출력되는 자료의 위치(행 번호)를 나타낸다. 다음 문장들

```
if _N_ = 1 then
put _page_
```

의 의미는 출력되는 자료의 위치가 1이 되는 장소에 put문에 의해서 지정(디자인)된 내용들을 새로운 페이지를 열고 출력하라는 뜻이다. 자동변수로는 이 외에 통계량을 계산할 때 사용되며 관찰값의 수를 나타내는 _freq_ 등이 있다. 위에서 여덟 번째 줄의 문장 / @20 40* '*'는 다음 줄로 넘어가서 20칸을 띄우고 별표 *를 40개 출력하라는 의미이다. ■■■

3.6 output 문

output 문은 data 단계, proc 단계, do 문 내에서 사용할 수 있으며 그 기능은 다음과 같다.

▷ data 단계에서의 output 문:

새로운 자료세트를 만들어 생성된 자료들을 저장하고 출력하고자 할 때 사용한다.

```
output dataset명;
```

▷ proc 단계에서의 output 문:

프러시저 단계에서 새로운 자료세트를 만들어 생성된 자료들을 저장하고 출력하고자 할 때 사용한다.

```
output out = dataset명;
```

▷ do 문 내에서의 output 문:

do 문 내에서 반복 실행되어 생성되는 값들을 출력창으로 출력할 때 사용한다. do 문은 제4장에서 자세히 다룬다.

```
do 변수 = 초기값 to 종료값 by 증분값;
   문장1;
     :
   문장k;
   output;
end;
```

제3장 연습문제

01. 다음 SAS 프로그램(두 점수의 평균을 구함)의 잘못된 부분을 찾아 바르게 고쳐 보아라.

```
data project1;
input name id math stat;
avg = (math + stat)÷2;
card;
Kildong 4124971 80 40 Soonsin 4425768 95 76
Janggu 4210235 40 68 Bobae 4197267 100 89;
PROC print;
run;
```

02. 메모장을 실행시켜 다음 여섯 명의 학생들에 대한 성, 이름, 하루 동안 스마일 한 횟수, 찡그린 횟수, 기분수치를 차례대로 한 파일로 작성하고 C 또는 D 폴더에 저장하여라. 그후 이 데이터파일을 불러내어 arctangent 함수를 활용하고 예제 2.4와 같이 이들의 그날 행복지수를 계산하는 프로그램을 작성하고 실행하여라(파일 이름은 각자가 임의로 정한다).

```
Kim Joomok    15  3  327    Ahn Sunkyeong   10   5 140
Kim Wankoo     5 10 -205    Park Dul        10  10 5.79
Lee Soonsoo   11  5 -100    Kwon Hoshik      3   9  20
```

03. 다음 자료를 읽어 들이고 실행결과가 아래와 같이 나오도록 프로그램을 작성해보아라.

자료:

Joo	15	3	Kim	10	5
Park	5	10	Lee	10	10
Shin	8	9	Choi	4	13

실행결과

```
                Program challenge
     Obs        name          성공        실패
      1         Joo            15          3
      2         Kim             0          5
      3         Park            5         10
      4         Lee            10         10
      5         Shin            8          9
      6         Choi            4         13
                             ======     ======
                               52         40
```

제4장

선택 제어문

이 장에서는 참 · 거짓의 여부에 따라 SAS 문장의 실행 흐름을 선택적으로 제어하는 조건부 실행문에 대해서 살펴본다. 조건부 실행문에는 기본적으로 네 가지의 형식 if, if-then, if-then-else, if-then-else if-else이 주어진다. 문장들을 여러 번 반복적으로 실행하고자 할 때에는 do 문, do while 문, do until 문을 사용한다. 또한 한 변수의 이름하에 여러 개의 원소들을 다룰 수 있는 array 문을 소개하고 이에 대한 do 문의 활용을 알아본다.

4.1 조건부 실행문

▷if 형식:

```
if 조건문;
```

제일 간단한 if 문은 관측값들 중에서 조건문이 참인 경우에 해당하는 값(데이터)들만 선택하여 새로운 DataSet을 만들 때 사용된다.

예제 4.1

if 문을 사용하여 성별이 여성(F)인 관측값들로서만 구성되는 새로운 DataSet을 만드는 프로그램이다.

```
Option nodate;
Title 'if 문의 사용';
data prog4_1;
input id name $ 6-12 gender $ weight height Num_Coffee;
if gender = 'F';                /* 여성의 경우만 선택 */
addict = Num_Coffee >= 5;
cost = 3500*Num_Coffee;
cards;
```

```
4723 Park P.  M 75.4 165 5
5345 Shin J.  F 51.2 159 4
4328 Choi S.  F 50.4 170 7
5719 Park A.  M 82.5 156 1
5368 Kim L.   F 58.1 160 5
4305 Kim E.   F 67.2 172 5
4614 Lee S.   M 62.3 180 6
;
proc print;
run;
```

실행결과

if 문의 사용

Obs	id	name	gender	weight	height	Num_ Coffee	addict	cost
1	5345	Shin J.	F	51.2	159	4	0	14000
2	4328	Choi S.	F	50.4	170	7	1	24500
3	5368	Kim L.	F	58.1	160	5	1	17500
4	4305	Kim E.	F	67.2	172	5	1	17500

▷if-then 형식:

```
if 조건문 then 문장;
```

if-then 문은 if 다음의 조건문이 참이면 then 다음의 문장을 수행하고 거짓이면 then 다음의 문장을 실행하지 않고 그 다음 SAS 문장으로 넘어 간다.

예제 4.2

if-then 문을 사용하여 prog2_1에 있는 DataSet의 id가 5000보나 작느냐 크거나 같으냐에 따라 1 · 2학년과 3 · 4학년으로 구분한다.

```
Option nodate;
Title 'if-then 문의 사용';
data prog4_2;
set prog2_1;
if id < 5000 then year = '새내기 또는 2학년';
if id >= 5000 then year = '3 또는 4학년';
;
proc print;
run;
```

실행결과

Use of if-then 문

Obs	id	name	gender	weight	height	Num_ Coffee	year
1	4723	Park P.	M	75.4	165	5	새내기 또는 2학년
2	5345	Shin J.	F	51.2	159	4	3 또는 4학년
3	4328	Choi S.	F	50.4	170	7	새내기 또는 2학년
4	5719	Park A.	M	82.5	156	1	3 또는 4학년
5	5368	Kim L.	F	58.1	160	5	3 또는 4학년
6	4305	Kim E.	F	67.2	172	5	새내기 또는 2학년
7	4614	Lee S.	M	62.3	180	6	새내기 또는 2학년

▷if-then-else 형식:

if 조건문 then 문장1;
else 문장2;

if-then-else 문은 if 다음의 조건문이 참이면 then 다음의 문장1을 수행하고 조건문이 거짓이면 else 다음의 문장2를 수행하고 그 다음 SAS 문장으로 넘어 간다.

예제 4.2의 두 문장

```
if id < 5000 then year = '새내기 또는 2학년';
if id >= 5000 then year = '3 또는 4학년';
```

을 if-then-else 형식으로 아래와 같이 변경하더라도 동일한 결과를 얻는다.

```
if id < 5000 then year = '새내기 또는 2학년';
 else year = '3 또는 4학년';
```

▷if-then-else if-else 형식:

```
if 조건문1 then 문장1;
   else if 조건문2 then 문장2;
                 ⋮
   else if 조건문k then 문장k;
   else 문장(k+1);
```

if-then-else if-else 문은 if 다음의 조건문1이 참이면 then 다음의 문장1을 수행하고, 조건문2가 참이면 문장2를 수행하고, …, 조건문k가 참이면 문장k를 수행하고, 앞의 조건문들이 모두 거짓이면 문장(k+1)을 수행하고 그 다음 SAS 문장으로 넘어 간다.

예제 4.3은 다음의 기준에 따라 각 학생의 표준체중과 비만도를 if-then-else if-else 형식을 사용하여 계산하는 프로그램이다.

남 성 : 표준체중(kg) = [신장(cm) − 100] × 0.9
여 성 : 표준체중(kg) = [신장(cm) − 100] × 0.85
비만도(%) = [현재체중(kg)/표준체중(kg)] × 100

비만도: 90% 이하이면 저체중
90~110%이면 정상 (110%는 제외)
110~120%이면 과체중 (120%는 제외)
120% 이상이면 비만

예제 4.3

if-then-else if-else 문을 사용하여 prog2_1에 있는 DataSet의 체중(weight)와 신장(height)를 이용하여 비만도(obese)를 계산하고 그 결과(result)를 출력한다.

```
Option nodate;
Title 'if-then-else if-else 문의 사용';
data prog4_3;
set prog2_1;
if gender = 'M';
   then obese = (weight/((height - 100)*0.9))*100;
   else obese = (weight/((height - 100)*0.85))*100;
if obese < 90 then result = '저체중';
   else if obese >= 90 & obese <110 then result = '정상';
   else if obese >= 110 & obese <120 then result = '과체중';
   else result = '비만';
;
proc print;
run;
```

실행결과

```
              Use of if-then-else if-else 문

                                               Num_
 Obs   id    name   gender weight height Coffee  obese  result

  1   4723 Park P.    M     75.4   165      5    128.889  비만
  2   5345 Shin J.    F     51.2   159      4    102.094  정상
  3   4328 Choi S.    F     50.4   170      7     84.706  저체중
```

```
4   5719 Park A.   M   82.5   156   1   163.690  비만
5   5368 Kim L.    F   58.1   160   5   113.922  과체중
6   4305 Kim E.    F   67.2   172   5   109.804  정상
7   4614 Lee S.    M   62.3   180   6    86.528  저체중
```

주목 문장 obese >= 90 & obese < 110를 다음과 같이 쓸 수 있다.

90 <= obese < 110

예제 4.4 역시 if-then-else if-else 형식을 사용하여 각 학생의 중간고사와 기말고사 점수의 평균을 계산하여 평점을 부여하는 프로그램이다.

예제 4.4

if-then-else if-else 문으로 각 학생들의 평점을 계산한다.

```
/* This program computes math course grade for 10 students */
title 'Computation of grades';
data prog4_4;
input Test_M Test_F @@;
avg = (Test_M + Test_F)/2.0;
if avg >= 90 then grade = 'A';
else if 80 <= avg < 90 then grade = 'B';
else if 70 <= avg < 80 then grade = 'C';
else if 60 <= avg < 70 then grade = 'D';
else grade = 'F';
cards;
90 98 82 61 91 80 69 68 55 67
46 64 87 69 95 89 71 91 73 75
run;
proc print;
run;
```

실행결과

```
Computation of grades

Obs    Test_M  Test_F    avg     grade

  1      90      98      94.0      A
  2      82      61      71.5      C
  3      91      80      85.5      B
  4      69      68      68.5      D
  5      55      67      61.0      D
  6      46      64      55.0      F
  7      87      69      78.0      C
  8      95      89      92.0      A
  9      71      91      81.0      B
 10      73      75      74.0      C
```

■■■

4.2 do 문

do 문은 문장들을 여러 번 반복 실행하고자 할 때 유용하게 쓰인다. 기본적으로 단순 do 문, 중첩 do 문, do while 문, do until 문이 주어지며 이들은 반드시 do;로 시작해서 end;로 끝나야 한다.

단순 do 문은 do와 end 문 사이에 둘 이상의 SAS 문장들을 처리하고자 할 때 사용한다. 예를 들어, if-then 문이나 if-then-else 문과 같이 조건부 실행문은 조건문이 참이면 오직 하나의 문장만 수행하고 그 다음 문장으로 넘어가야 하는데, 단순 do 문을 if-then 문과 잘 결합하면 조건문이 참일 때 여러 문장을 수행할 수 있게 해준다.

▷ 단순 Do 문의 일반 형식:

```
do;
   문장1;
     ⋮
   문장 k;
end;
```

예제 4.5

prog2_1에 있는 DataSet에 단순 do 문을 사용하여 여성을 선별하고 Num_Coffee(하루 평균 마시는 커피 잔의 수)를 이용하여 이들의 중독성과 비용을 계산한다.

```
Option nodate;
Title '단순 do 문';
data prog4_5;
set prog2_1;
if gender = 'F' then
  do;
    addict = Num_Coffee >= 5;
```

```
    cost = 3500*Num_Coffee;
  end;
proc print;
run;
```

실행결과

단순 do 문

Obs	id	name	gender	weight	height	Coffee	Num_ addict	cost
1	4723	Park P.	M	75.4	165	5	*	*
2	5345	Shin J.	F	51.2	159	4	0	14000
3	4328	Choi S.	F	50.4	170	7	1	24500
4	5719	Park A.	M	82.5	156	1	*	*
5	5368	Kim L.	F	58.1	160	5	1	17500
6	4305	Kim E.	F	67.2	172	5	1	1750
7	4614	Lee S.	M	62.3	180	6	*	*

주목 남성에 대한 중독성과 비용의 계산은 제외되었기 때문에 결측치를 의미하는 기호 *로 표시되었다(prog2_1 참조).

다음은 초기값, 종료값, 증분값을 지정하여 실행하는 do 문이다.

▷Do 문의 일반 형식:

```
do 변수 = 초기값 to 종료값 by 증분값;
  문장1;
   ⋮
  문장 k;
end;
```

초기값은 변수의 시작값을 종료값은 변수의 최종값을 의미한다. 증분값은 정수 또는 실수의 값을 가질 수 있으며 변수의 초기값에서부터 시작하여 증분값만큼 증가 또는 감소하며 변수의 종료값이 될 때까지 do와 end 문 사이의 SAS 문장들을 반복 실행한다. by 문을 생략하면 증분값은 디폴트값으로 1이 배정된다.

몇 가지 예를 들면

```
do x = 1 to 10 by 1;
do x = -5 to 5 by 0.1;
do x = 10 to 0 by -2;
```

여기서 do x = 1 to 10 by 1;은 do x = 1 to 10;과 같다.

예제 4.6

증분값의 표현은 서로 다르지만 똑같은 결과를 갖는 반복 do 문의 예제이다. 증분값이 1일 때는 by 문의 생략이 가능함과 변수의 값들을 일일이 나열할 수 있음을 보여준다.

```
Option nodate;
Title 'do 문: 증분값 명기';
data prog4_6;
do x1 = 1 to 5 by 1;
  y1 = x1**3;
  output;
end;
run;
proc print;
run;

Title 'do 문: 증분값 생략';
data prog4_6;
do x2 = 1 to 5;
```

```
  y2 = x2**3;
  output;
end;
run;
proc print;
run;

Title 'do 문: 증분값 나열';
data prog4_6;
do x3 = 1, 2, 3, 4, 5;
  y3 = x3**3;
  output;
end;
run;
proc print;
run;
```

실행결과

do 문: 증분값 명기

Obs	x1	y1
1	1	1
2	2	8
3	3	27
4	4	64
5	5	125

do 문: 증분값 생략

Obs	x2	y2
1	1	1
2	2	8
3	3	27
4	4	64
5	5	125

```
            do 문: 증분값 나열

    Obs          x3          y3
     1            1            1
     2            2            8
     3            3           27
     4            4           64
     5            5          125
```

주목 do-end 문 사이에 output 문이 사용되었다. output 문은 중간 과정을 (즉 계산할 때마다 그 결과를) 출력시킨다. 만약 output 문이 생략되면 다섯 번 실행 후 마지막으로 계산된 값만 출력된다. output 문에 대해서는 다음 장에서 구체적으로 다룬다. ■■■

아래의 예제는 do 문을 이용하여 열 개의 난수들을 생성하는데 표준정규분포를 따르는 난수생성함수 normal(seed)와 균일분포 U(0, 1)을 따르는 난수생성함수 uniform(seed)를 활용한다. 인수 seed는 난수를 생성하기 위한 초기값이며 가능하면 다섯 자리 이상의 양의 홀수 정수를 지정한다(한 번만 실행하는 경우). 한 번 실행 후 같은 seed의 값으로 또다시 프로그램을 실행하면 이전과 똑같은 난수들이 생성된다. 매번 실행 때마다 다른 난수들을 생성하기 위해서는 seed의 값을 0으로 두면 된다.

예제 4.7

do 문을 사용하여 10개의 난수를 생성하는 프로그램이다. seed의 값으로 임의로 35673를 지정한다.

```
Option nodate;
title 'Random number';
data prog4_7;
do k = 1 to 10
  x_normal = normal(35673); /* seed = 35673 */
  x_rannor = rannor(35673);
  x_uniform = uniform(35673);
```

```
  x_ranuni = ranuni(35673);
  output; /* 중간과정을 출력한다 */
end;
run;
proc print;
run;
```

실행결과

```
                    Random number

Obs    k    x_normal    x_rannor    x_uniform    x_ranuni

  1    1     1.85965    -0.36822      0.32876     0.03090
  2    2     0.82608    -1.06879      0.55137     0.03311
  3    3    -0.90355     0.13331      0.88035     0.85972
  4    4     0.58818    -1.22615      0.30086     0.19921
  5    5     0.11208     1.22573      0.43079     0.19792
  6    6     0.53434    -1.84433      0.95324     0.83060
  7    7     0.89618     0.17238      0.48567     0.92462
  8    8    -0.80272     0.27538      0.44225     0.84005
  9    9    -0.45522     0.82612      0.09615     0.02819
 10   10    -0.92188    -1.65012      0.42076     0.07070
```

do 문을 사용하여 수학 분야에 자주 등장하는 유한급수의 값을 구하는 프로그램을 작성할 수 있다. 예를 들어 1에서 10까지의 합은 다음과 같이 나타낼 수 있다.

$$S = \sum_{k=1}^{10} k$$

예제 4.8

do 문을 사용하여 1에서 10까지의 합을 구한다.

```
Option nodate;
title 'Sum';
data prog4_8;
S = 0;
do k = 1 to 10;
  S = S + k;
  output;
end;
run;
proc print;
run;
```

실행결과

```
                    Sum

        Obs          S          k

          1          1          1
          2          3          2
          3          6          3
          4         10          4
          5         15          5
          6         21          6
          7         28          7
          8         36          8
          9         45          9
         10         55         10
```

do 문 안에 또 다른 do 문을 중첩할 수 있다.

▷중첩 Do 문의 기본 형식:

```
do 변수1 = 초기값1 to 종료값1 by 증분값1;
  do 변수2 = 초기값2 to 종료값2 by 증분값2;
                    문장1;
                      ⋮
                    문장 k;
  end;
end;
```

예제 4.9

중첩된 do 문을 사용하여 1에서 3까지의 구구단을 계산한다. 관측 번호는 출력되지 않지만 9개의 관측값이 print 문에 의하여 순서대로 출력된다.

```
Option nodate;
Title '중첩 do 문: print 문 활용';
data prog4_9;
do x = 1 to 3;
  do y = 1 to 3;
    xy = x*y;
    output;
  end;
end;
run;
proc print noobs;   /* 관측(Obs) 번호를 출력하지 않음 */
run;
```

실행결과

중첩 do 문: print 문 활용

x	y	xy
1	1	1
1	2	2
1	3	3
2	1	2
2	2	4
2	3	6
3	1	3
3	2	6
3	3	9

■■■

위의 예제에서 살펴보았듯이 print 문은 관측값들을 순서대로 출력한다. 그러나 아래와 같은 특정한 형태의 결과를 얻기 위해서는 put 문을 사용해야 한다.

```
1    2    3
2    4    6
3    6    9
```

예

```
Option nodate;
data prog4_10;
file print;              /* 결과를 출력창에 보임 */
put @20 '중첩 do 문: put 문 활용 (구구단)' /;
do x = 1 to 9;
  do y = 1 to 9;
    xy = x*y;
    put xy 5. @@;
  end;
  put / ;
end;
run;
```

실행결과

```
                 중첩 do 문 - put 문 활용 (구구단)

1     2     3     4     5     6     7     8     9
2     4     6     8     10    12    14    16    18
3     6     9     12    15    18    21    24    27
4     8     12    16    20    24    28    32    36
5     10    15    20    25    30    35    40    45
6     12    18    24    30    36    42    48    54
7     14    21    28    35    42    49    56    63
8     16    24    32    40    48    56    64    72
9     18    27    36    45    54    63    72    81
```

4.3 do while 문과 do until 문

do while 문은 do 문과는 달리 실행 횟수가 정해져 있지 않고 while 문 다음에 주어지는 조건식이 참인 경우에 한하여 do while과 end 사이의 SAS 문장들을 반복 수행한다. do until 문은 until 문 다음에 주어지는 조건식이 참이 될 때까지 do until과 end 사이의 문장들을 반복 실행한다.

▷Do while 문의 일반 형식:

```
do while (조건식);
     문장1;
       ⋮
     문장 k;
end;
```

예제 4.10

do while 문을 사용하여 1에서 10까지의 합을 구한다.

```
Option nodate;
title 'Sum: do while 문 활용';
data prog4_10B;
S = 0;
k = 1;
do while (k <= 10);
  S = S + k;
  output;
  k = k + 1;          /* 또는 k+1 */
end;
run;
proc print;
run;
```

실행결과

프로그램 prog4_8의 결과와 같다.

주목 k+1은 k = k+1을 의미한다.

▷Do until 문의 일반 형식:

```
do until (조건식);
    문장1;
      ⋮
    문장 k;
end;
```

예제 4.11

do until 문을 사용하여 1에서 10까지의 합을 구한다.

```
Option nodate;
title 'Sum: do until 문 활용';
data prog4_10C;
S = 0; k = 1;
do until (k > 10);
  S = S + k;
  output;
  k + 1;
end;
run;
proc print;
run;
```

실행결과

프로그램 prog4_8의 결과와 같다.

4.4 array 문과 do 문의 활용

배열(array)은 하나의 이름 아래 여러 개의 독립적인 값(변수)들을 다룰 수 있게 한다. 1차원 배열, 2차원 배열 등을 정의할 수 있으며 배열의 크기는 그 배열이 다루는 변수들의 개수를 의미한다. 이 절에서는 array 문에서 어떻게 do 문이 활용되는지 알아본다.

▷1차원 배열의 사용 형식:

```
array 배열이름(n) 요소변수들;
```

여기서 n은 배열의 크기를 나타낸다. 크기를 지정하고 싶지 않을 때에는 문자 *(asterisk)를 사용한다.

예

```
array test(10) t1-t10;
```

위의 1차원 배열 test는 t1에서 t10까지의 연속적인 이름을 갖는 10개의 변수를 가지며 이 변수들의 값은 input 문을 사용해서 읽을 수 있다. 구체적으로 첫 번째 원소를 의미하는 test(1)의 원소변수의 이름은 t1, 두 번째 원소를 의미하는 test(2)의 원소변수의 이름은 t2 등이다. 또한 다음과 같이 초기화를 할 수 있다.

```
array test(10) t1-t10 (2 3 4 1 1 3 4 2 2 1);
```

t1, 즉 test(1)의 값은 2를, t2, 즉 test(2)의 값은 3을, …, t10, 즉 test(10)의 값은 1을 의미한다. 만약 t1－t10은 생략하고 array test(10) (2 3 4 1 1 3 4 2 2 1);라고 초기화한다면 각 원소를 나타내는 변수의 이름은 생략되었음을 뜻한다. 따라서 test(1)은 첫 번째 원소 2를, test(2)는 두 번째 원소 3을, …, test(10)은 마지막 원소 1을 의미한다는 형태로만 사용할 수 있다.

예

```
array days(5) Monday Tuesday Wednesday Thursday Friday;
```

위의 경우 days(1)은 변수 Monday를 days(4)는 변수 Thursday를 가리킨다.

배열의 크기를 구체적으로 알고자 할 때에는 SAS의 내장함수 dim(배열이름)를 이용한다.

예제 4.12

배열 ans에 10개의 사지선다형 모범 답안이 저장되어 있고, 각 학생의 시험 답안은 배열 test에 입력되어 있다. 아래는 ans와 test를 비교하여 정답수를 확인하고 시험점수를 계산하는 프로그램이다.

```
title 'array: 1차원';
data prog4_12;
array ans(10)(2 3 4 1 1 3 4 2 2 1);
array test(10) t1-t10;
array score(*) s1-s10;
input nu 1-4 t1-t10 2.0;
label nu='학번' s='정답수' sc='점수'; /* nu 대신에 학번 출력 등 */
do i=1 to 10;
  if ans(i)=test(i) then score(i)=1;
    else score(i)=0;
end;
s = sum(of s1-s10);
sc = s*10;
cards;
4723 2 3 3 1 1 3 4 2 2 1
5345 2 1 4 3 2 3 2 1 2 3
4328 1 2 4 1 1 3 4 2 2 1
5719 2 3 4 4 4 3 4 2 1 2
5368 2 3 4 1 1 3 4 2 2 1
4305 2 3 3 1 1 3 4 2 2 2
4614 1 1 1 2 2 2 4 2 1 2
```

```
;
proc print label;
var nu s1-s10 s sc; /* 변수 nu, s1에서 s10까지, s, sc만 출력 */
run;
```

실행결과

array: 1차원

Obs	학번	s1	s2	s3	s4	s5	s6	s7	s8	s9	s10	정답수	점수
1	4723	1	1	0	1	1	1	1	1	1	1	9	90
2	5345	1	0	1	0	0	1	0	0	1	0	4	40
3	4328	0	0	1	1	1	1	1	1	1	1	8	80
4	5719	1	1	1	0	0	1	1	1	0	0	6	60
5	5368	1	1	1	1	1	1	1	1	1	1	10	100
6	4305	1	1	0	1	1	1	1	1	1	0	8	80
7	4614	0	0	0	0	0	0		1	0	0	2	20

주목 연속된 변수의 이름에 대한 합을 구하는 경우 다음과 같이 나타낼 수 있다.

```
s = sum(of s1-s10);
```

위의 합은 아래의 두 경우와 동일하다.

```
s = sum(s1, s2, s3, s4, s5, s6, s7, s8, s9, s10);
```

또는

```
s = sum(of score(*));
```

■■■

▷ 2차원 배열의 사용 형식:

array 배열이름(n, m) 요소변수들;

여기서 n은 행, m은 열의 크기를 나타낸다.

예

```
array B(3, 3) B1-B9
```

예

```
array B(3, 3) B1-B9 (3 -4 1 9 -5 4 8 6 -8);
```

예를 들면, B(1, 2)는 B2, 즉 1행 2열의 원소 -4를 의미하고, B(3, 1)은 B7, 즉 3행 1열의 원소 8을 의미한다.

예제 4.13은 2차원 배열의 행렬과 1차원 배열의 벡터를 곱하는 프로그램이다. 이들의 곱은 y = Ax로 표시된다.

$$\begin{pmatrix} y_1 \\ y_2 \\ y_3 \\ y_4 \end{pmatrix} = \begin{pmatrix} 2 & -3 & 4 & 1 \\ -1 & 3 & 4 & 2 \\ 2 & 1 & 4 & 2 \\ -2 & -4 & 0 & 5 \end{pmatrix} \begin{pmatrix} 10 \\ 20 \\ 30 \\ 40 \end{pmatrix}$$

예제 4.13

행렬(2차원 배열)과 벡터(1차원 배열)의 곱을 계산한다.

```
title 'Matrix and Vector Multiplication: 2차원';
data prog4_13;
array A(4,4) A1-A16 (2 -3 4 1 -1 3 4 2 2 1 4 2 -2 -4 0 5);
array x(4)(10 20 30 40);
array y(4) y1-y4 (0 0 0 0);
n = 4;
do i = 1 to n;
```

```
  do j = 1 to n;
    y(i) = y(i) + A(i,j)*x(j);
  end;
end;
s = sum(of A1-A16);
run;
proc print;
  var y1-y4 s; /* var y라고 배열 이름을 적지 않음 */
run;
```

실행결과

```
          Matrix and Vector Multiplication: 2차원

      Obs      y1      y2      y3      y4      s

       1      120     250     240     100     20
```

배열 A와 x의 원소의 값들을 프로그램의 앞부분에 초기화하지 않고 cards 부분에 다음과 같이 작성할 수 있으며 실행결과는 위와 동일하다.

```
         ⋮
array A(4,4) A1-A16;
array x(4) x1-x4;
array y(4) y1-y4 (0 0 0 0);
input A1-A16 / x1-x4;
         ⋮
s = sum(of A1-A16);
cards;
2 -3 4 1 -1 3 4 2 2 1 4 2 -2 -4 0 5
10 20 30 40
run;
         ⋮
```

■■■

예제 4.14

array 문을 prog4_3에 적용하는 프로그램이다. 이 경우 변수 weight, height, Num_Coffee, obese를 묶어 하나의 배열 val로 만든다. 실행 결과는 예제 4.3과 동일하다.

```
Title 'Use of array in prog4_3';
data prog4_14;
array val(4) weight height Num_Coffee obese;
input id name $ 6-12 gender $ weight height Num_Coffee;
if gender = 'M'
  then val(4) = (val(1)/((val(2) - 100)*0.9))*100;
  else val(4) = (val(1)/((val(2) - 100)*0.85))*100;
if val(4) < 90 then result = '저체중';
  else if val(4) >= 90 & val(4) <110 then result = '정상';
    else if val(4) >= 110 & val(4) <120 then result = '과체중';
  else result = '비만';
cards;
4723 Park P. M 75.4 165 5
5345 Shin J. F 51.2 159 4
4328 Choi S. F 50.4 170 7
5719 Park A. M 82.5 156 1
5368 Kim L.  F 58.1 160 5
4305 Kim E.  F 67.2 172 5
4614 Lee S.  M 62.3 180 6
run;
proc print;
var name obese result;
run;
```

실행결과

```
                Use of array in prog4_3

Obs          name          obese          result

 1         Park P.        128.889          비만
 2         Shin J.        102.094          정상
 3         Choi S.         84.706          저체중
 4         Park A.        163.690          비만
 5          Kim L.        113.922          과체중
 6          Kim E.        109.804          정상
 7          Lee S.         86.528          저체중
```

제4장 연습문제

01. x의 값을 읽고 if 문을 이용하여 x의 절대값 $|x|$를 계산하는 프로그램을 작성하여라(즉, x가 양수이면 x를 x가 음수이면 $-x$를 출력한다).

02. x의 값을 읽고 다음 함수의 값을 구하는 프로그램을 작성하여라.

$$f(x) = \begin{cases} 1, & x < 0 \\ e^x, & 0 \le x < 1 \\ e, & 1 \le x \end{cases}$$

03. do 문을 사용하여 다음 합을 계산하는 프로그램을 작성하여라.

$$\sum_{n=1}^{15} \frac{-n}{n^3 + 4n - 7}$$

04. 중첩 do 문을 사용하여 다음 합을 계산하는 프로그램을 작성하여라.

$$S = \sum_{i=1}^{5} \sum_{j=1}^{10} (i+j)$$

05. 정확하게 다음 실행결과와 같이 출력이 되도록 do 문을 사용하여 프로그램을 작성하고 실행해보아라.

참고: (1) 삼각함수($\sin\theta$, $\cos\theta$ 등)는 라디안 값을 받아들인다.

(2) "도"에서 "라디안"으로의 변환: 라디안 = $\frac{\pi}{180}$도

(3) 결과는 소수점 이하의 자리 수가 3개 나오도록 한다.

실행결과

```
                 project - use of do

    도         라디안        사인        코사인        탄젠트

    0          0.000        0.000        1.000        0.000
    2
    4
    ⋮                         ⋮                          ⋮
    90
```

06. do while 문을 이용하여 다음 실행결과와 같이 여섯 개의 로또 번호를 생성하는 프로그램을 작성하여라.

참고: (1) seed의 값은 0을 사용한다.
(2) 함수 uniform(seed)는 무작위로 0과 1 사이의 값을 생성한다.
(3) 함수 int(x)는 x의 소수점 이하는 절단하고 정수값만 가진다.

실행결과

```
이번주의 행운의 로또 번호!

n1      n2      n3      n4      n5    n6

19      42      25      1       11    32
```

07. 다음에 대한 SAS 프로그램을 작성하여라:

크기가 50인 3개의 배열 sol{50}, exam{50}, score{50}가 있다. 배열 sol과 exam에 저장되어 있는 원소(값)들을 차례로 비교하여 두 원소의 값이 같으면 1을 다르면 0을 배열 score에 저장하고 score에 저장되어 있는 값들의 합을 구함.

제5장

DataSet 자료의 조작

통계자료를 수집하고 정리하다보면 똑같은 DataSet을 두 사람이 분담하여 만드는 경우가 발생한다. 이 장에서는 통계자료분석을 위하여 두 개의 DataSet들을 수직적 또는 수평적으로 결합하여 하나의 DataSet을 만드는 방법을 다룬다. 나아가 이미 만들어진 DataSet을 조작하여(변수들 중 원치 않는 것들을 제외시킴) 새로운 DataSet을 생성하는 방법을 익힌다.

5.1 DataSet들의 결합

DataSet들의 결합은 Set 문을 이용하여 수직적으로 연결하는 방법과 수평적으로 연결하는 방법으로 나누어진다.

▷ 수직적 결합

동일한 변수들을 갖는 두 개의 DataSet들을 수직적으로 연결한다. 만약 결합하고자 하는 두 개의 DataSet들 내에 서로 다른 변수가 존재한다면 이들에 대해서는 결측값이 부여된다.

예제 2.1(prog2_1)에 주어진 자료는 A라는 통계분석가가 작성을 하였다.

```
Options nodate Missing = '*';
Title 'Survey for Drinking Coffee Per Day';
data prog2_1A;
surveyor = 'A';
input id name $ 6-12 gender $ weight height Num_Coffee;
cards;
4723 Park P.  M 75.4 165 5
5345 Shin J.  F 51.2 159 4
4328 Choi S.  F 50.4 170 7
5719 Park A.  M 82.5 156 1
5368 Kim L.   F 58.1 160 5
4305 Kim E.   F 67.2 172 5
```

```
4614 Lee S. M 62.3 180 6
;
proc print;
run;
```

다음 자료는 B라는 통계분석가가 작성을 하였다고 하자.

```
Options nodate Missing = '*';
Title 'Survey for Drinking Coffee Per Day';
data prog2_1B;
surveyor = 'B';
input id name $ 6-12 gender $ weight height Num_Coffee;
cards;
5133 Jong R. F . 162 2
5345 Kang P. M 63.8 154 3
4328 Lee U. M 55.4 173 7
;
proc print;
run;

165   5 159   4 170   7 156   1 160   5
172   5 180   6 162   2 154   3 173   7
75.4  5 51.2  4 50.4  7 82.5  1 58.1  5
67.2  5 62.3  6   .   2 63.8  3 55.4  7
```

다음 예제는 위의 자료들을 수직적으로 결합시킨다.

예제 5.1

set 문을 이용하여 prog2_1A와 prog2_1B를 수직적으로 연결시키는 프로그램이다.

```
Options nodate Missing = '*';
Title '두 DataSet들의 수직적 결합';
data prog5_1;
set prog2_1A prog2_1B;
addict = Num_Coffee >= 5;
cost = 3500*Num_Coffee;
;
proc print;
run;
```

실행결과

두 DataSet들의 수직적 결합

Obs	surveyor	id	name	gender	weight	height	Num_ Coffee	addict	cost
1	A	4723	Park P.	M	75.4	165	5	1	17500
2	A	5345	Shin J.	F	51.2	159	4	0	14000
3	A	4328	Choi S.	F	50.4	170	7	1	24500
4	A	5719	Park A.	M	82.5	156	1	0	3500
5	A	5368	Kim L.	F	58.1	160	5	1	17500
6	A	4305	Kim E.	F	67.2	172	5	1	17500
7	A	4614	Lee S.	M	62.3	180	6	1	21000
8	B	5133	Jong R.	F	*	162	2	0	7000
9	B	5345	Kang P.	M	63.8	154	3	0	10500
10	B	4328	Lee U.	M	55.4	173	7	1	24500

■■■

▷수평적 결합

동일한 관측수와 서로 공통 변수가 없는 두 개의 DataSet들을 merge 문을 이용하여 수직적으로 연결한다.

아래에 주어진 자료는 C라는 통계분석가가 작성하였다.

```
Options nodate Missing = '*';
Title 'Survey for Drinking Coffee Per Day';
data prog2_1C;
surveyor = 'C';
input id name $ 6-12 gender $;
cards;
4723 Park P. M
5345 Shin J. F
4328 Choi S. F
5719 Park A. M
5368 Kim L.  F
4305 Kim E.  F
4614 Lee S.  M
5133 Jong R. F
5345 Kang P. M
4328 Lee U.  M
;
proc print;
run;
```

다음에 주어진 자료는 D라는 통계분석가가 준비하였다고 하자.

```
Options nodate Missing = '*';
Title 'Survey for Drinking Coffee Per Day';
data prog2_1D;
surveyor = 'D';
input weight height Num_Coffee;
cards;
75.4  165 5
51.2  159 4
50.4  170 7
82.5  156 1
58.1  160 5
67.2  172 5
62.3  180 6
```

```
  .   162 2
63.8  154 3
55.4  173 7
;
proc print;
run;
```

예제 5.2는 위의 자료들을 수평적으로 결합시킨다.

예제 5.2

merge 문을 이용하여 prog2_1C와 prog2_1D를 수평적으로 연결시키는 프로그램이다.

```
Options nodate Missing = '*';
Title '두 DataSet들의 수평적 결합';
data prog5_2;
merge prog2_1C prog2_1D;
addict = Num_Coffee >= 5;
cost = 3500*Num_Coffee;
;
proc print;
run;
```

실행결과

두 DataSet들의 수직적 결합

Obs	surveyor	id	name	gender	weight	height	Num_ Coffee	addict	cost
1	D	4723	Park P.	M	75.4	165	5	1	17500
2	D	5345	Shin J.	F	51.2	159	4	0	14000
3	D	4328	Choi S.	F	50.4	170	7	1	24500

4	D	5719	Park A.	M	82.5	156	1	0	3500
5	D	5368	Kim L.	F	58.1	160	5	1	17500
6	D	4305	Kim E.	F	67.2	172	5	1	17500
7	D	4614	Lee S.	M	62.3	180	6	1	21000
8	D	5133	Jong R.	F	*	162	2	0	7000
9	D	5345	Kang P.	M	63.8	154	3	0	10500
10	D	4328	Lee U.	M	55.4	173	7	1	24500

5.2 기존의 DataSet에서 새로운 DataSet 생성

기존의 DataSet으로부터 새로운 DataSet을 만들 때 원하는 변수들을 그대로 보존하고자 할 때는 keep 문을 사용하고 포함시키고 싶지 않은 변수들은 drop 문을 사용한다. 이들의 일반 형식은 다음과 같다.

▷keep 문:

```
keep 변수명;
```

▷drop 문:

```
drop 변수명;
```

예제 5.2는 prog2_1C와 prog2_1D를 수평적으로 연결시켰다. 아래에 주어진 예제 5.3은 prog5_2에서 변수 surveyor과 id를 삭제하는 두 가지 방법을 동시에 보여준다.

예제 5.3

drop 문과 keep 문을 각각 사용하는 독립적인 프로그램들이다. 결과는 동일하다.

```
Options nodate Missing = '*';
Title 'drop 문과 keep문의 사용';
data prog5_3_drop;
set prog5_2;
drop surveyor id;
addict = Num_Coffee >= 5;
cost = 3500*Num_Coffee;
;
proc print;
```

```
run;

data prog5_3_keep;
set prog5_2;
keep name gender weight height Num_Coffee addict cost;
addict = Num_Coffee >= 5;
cost = 3500*Num_Coffee;
;
proc print;
run;
```

실행결과

두 DataSet들의 수직적 결합

Obs	name	gender	weight	height	Num_ Coffee	addict	cost
1	Park P.	M	75.4	165	5	1	17500
2	Shin J.	F	51.2	159	4	0	14000
3	Choi S.	F	50.4	170	7	1	24500
4	Park A.	M	82.5	156	1	0	3500
5	Kim L.	F	58.1	160	5	1	17500
6	Kim E.	F	67.2	172	5	1	17500
7	Lee S.	M	62.3	180	6	1	21000
8	Jong R.	F	*	162	2	0	7000
9	Kang P.	M	63.8	154	3	0	10500
10	Lee U.	M	55.4	173	7	1	24500

위의 두 문장

```
set prog5_2;
keep name gender weight height Num_Coffee addict cost;
```

를 다음과 같이 하나로 나타내도 무방하다.

```
set prog5_2(keep = name gender weight height Num_Coffee
addict cost);
```

■■■

delete 문은 주어진 조건을 만족하는 변수의 값(관측값)들을 삭제한다.

▷delete 문:

> delete 변수명;

prog4_1에서 if gender = 'F'; 문장은 F값을 갖는 관측값들(행들)을 선택한다. 예제 5.4는 delete 문을 사용하여 M 값을 갖는 관측값들을 삭제시켜 예제 4.1과 동일한 결과가 나오도록 한다.

예제 5.4

delete 문을 사용하여 성별이 여자(F)인 관측값들로서만 구성되는 새로운 DataSet을 만든다.

```
Option nodate;
Title 'delete 문의 사용';
data prog5_4;
input id name $ 6-12 gender $ weight height Num_Coffee;
if gender = 'M' then delete; /* 남성의 경우 삭제 */
addict = Num_Coffee >= 5;
cost = 3500*Num_Coffee;
cards;
4723 Park P.  M 75.4 165 5
```

```
5345 Shin J.  F 51.2 159 4
4328 Choi S.  F 50.4 170 7
5719 Park A.  M 82.5 156 1
5368 Kim L.   F 58.1 160 5
4305 Kim E.   F 67.2 172 5
4614 Lee S.   M 62.3 180 6
;
proc print;
run;
```

실행결과

delete 문의 사용

Obs	id	name	gender	weight	height	Num_ Coffee	addict	cost
1	5345	Shin J.	F	51.2	159	4	0	14000
2	4328	Choi S.	F	50.4	170	4	1	24500
3	5368	Kim L.	F	58.1	160	5	1	17500
4	4305	Kim E.	F	67.2	172	5	1	17500

■■■

제5장 연습문제

01. 두 개의 DataSet dataset1과 dataset2에 다음과 같은 자료가 작성되어 있다고 할 때

(a) dataset1과 dataset2를 세로로 결합시킨 DataSet dataset12를 생성하여라.

(b) dataset12에 gender가 M(남성)인 개체들만 남도록 하는 프로그램을 작성하여라.

```
           dataset1                           dataset1
   id gender  dept   class          id gender  dept   class
   21    F    Math     2            17    F    Comp     2
    2    M    Stat     1            10    F    Math     1
   13    F    Stat     2             6    M    Stat     1
    4    M    Comp     3             5    F    Comp     1
   25    M    Math     1            11    M    Math     3
```

02. 두 개의 DataSet datasetA과 datasetB에 다음과 같은 자료가 작성되어 있다고 할 때 datasetA와 datasetB를 가로로 결합시킨 DataSet datasetAB를 생성하여라. 프로그램 내에 도시별로 초등학생(elementary), 중학생(middle), 고등학생(high), 대학생(college) 수를 모두 더하는 문장을 삽입하고, 변수 code는 삭제시킨다(단위: 1만 명).

```
          datasetA                          datasetB
code   city    population    elementary middle  high  college
  1   Seoul       1200           150      100     70     30
  2   Daejun       250            55       40     30     10
  3   Daegu        300            70       55     40     25
  4   Kwangju      150            40       30     15     10
  5   Pusan        350            80       65     45     28
```

제6장

자료 정리 프러시저

이 장에서는 수집한 통계 자료들을 정리하기 위한 프러시저를 다룬다.
자료의 정리는 오름차순 또는 내림차순으로 정렬하거나(proc sort), 관측값의 크기에 따라 순위를 매기거나(proc rank), 그래프를 활용하여 시각적인 분석 및 요약을 할 수 있다(proc gplot, proc gchart).

6.1 proc sort

이 프러시저는 관측값들의 순서를 변경시킨다. 기본으로 오름차순으로의 정렬이 설정되어있다. 숫자는 크기순으로 문자는 알파벳 순서로 정렬되며 한글과 영문이 섞인 경우 영문이 먼저 출력된다.

프러시저 sort의 일반 형식은 아래와 같다.

```
proc sort 옵션들;
by 속성 변수명 속성 변수명 …;
```

프러시저 sort의 옵션으로는 다음 두 가지가 있다.

- **data = DataSet명**
  정렬하고자 하는 DataSet 이름을 지정한다. 이 옵션이 생략된 경우 가장 최근에 생성된 DataSet의 자료들을 정렬시킨다.

- **out = 새 DataSet명**
  결과를 새로운 SAS 시스템 DataSet의 테이블 형태로 저장한다.

예

```
out = 'DataSet명'; 또는 out = 'D:\datafile\DataSet명';
```

전자의 경우 저장된 자료 세트는 결과창에 표시된 라이브러리 폴더 내의 work 폴더에서 찾을 수 있다.

자료의 정렬은 오름차순이 기본이며 내림차순으로 정렬하고자 한다면 by 문에 지정된 변수 이름 앞에 descending이라고 표기한다. 만약 by 문에 두 개 이상의 변수가 지정되면 첫 번째 변수에 대한 정렬이 이루어진 후 처음 변수의 값이 같은 것들에 대한 두 번째 변수의 정렬이 실행된다.

예

```
proc sort;
  by gender descending cost;
run;
```

예제 6.1

prog2_1A의 자료와 prog2_1B의 자료를 수직적으로 연결시키고 프러시저 sort를 이용하여 자료들을 성별에 대해서 먼저 정렬시키고 이어서 이름에 대해서 정렬시키는 프로그램이다.

```
Title '프러시저 sort의 적용';
data prog6_1;
set prog2_1A prog2_1B;
addict = Num_Coffee >= 5;
cost = 3500*Num_Coffee;
;
proc sort;
by gender name;
run;
proc print;
run;
```

실행결과

프러시저 sort의 적용

Obs	surveyor	id	name	gender	weight	height	Num_ Coffee	addict	cost
1	A	4328	Choi S.	F	50.4	170	7	1	24500
2	B	5133	Jong R.	F	*	162	2	0	7000
3	A	4305	Kim E.	F	67.2	172	5	1	17500
4	A	5368	Kim L.	F	58.1	160	5	1	17500
5	A	5345	Shin J.	F	51.2	159	4	0	14000
6	B	5345	Kang P.	M	63.8	154	3	0	10500
7	A	4614	Lee S.	M	62.3	180	6	1	21000
8	B	4328	Lee U.	M	55.4	173	7	1	24500
9	A	5719	Park A.	M	82.5	156	1	0	3500
10	A	4723	Park P.	M	75.4	165	5	1	17500

주목 print 등과 같은 프러시저에 by 문을 사용한다면 프러시저 print가 실행되기 전에 by 문에 속한 변수들을 먼저 정렬시켜야 한다. ■■■

6.2 proc rank

프러시저 rank는 변수값들의 크기에 따라 순위를 계산하여 출력한다. 옵션이나 속성을 설정하지 않으면 기본적으로 모든 변수들에 대하여 순위를 계산하고 변수의 값들 중 가장 작은 값에 순위 1이 배정된다.

프러시저 rank의 일반 형식은 아래와 같다.

```
proc rank 옵션들;
  var 변수명들;
  by 변수명들;
  ranks 새 변수명들;
```

프러시저 rank는 다음과 같은 옵션들이 있다.

• **data = DataSet명**

프러시저 sort와 유사하게 순위를 매기고자 하는 DataSet 이름을 지정한다. 이 옵션이 생략된 경우 가장 최근에 생성된 DataSet에 적용한다.

• **descending**

이 옵션을 사용하면 큰 값의 순서로 순위를 결정한다. 따라서 가장 큰 값이 순위 1이 된다. 기본(default)은 가장 작은 값에 순위 1을 배정한다.

• **ties = low 또는 mean 또는 high**

값들이 똑같은 경우 순위를 어떻게 배정할지를 결정한다. ties 옵션의 속성 low를 지정하면 순위 중 수치가 가장 작은 값을, mean은 순위들의 평균값을, high는 순위 중 수치가 가장 큰 값을 부여한다. ties 옵션의 속성을 생략했을 경우 기본값은 mean이다.

예 descending을 사용했을 경우 5개의 점수들에 대한 순위들은 다음과 같이 계산된다.

점수	기본	low	mean	high
68	5	5	5	5
92	3	2	3	4
92	3	2	3	4
92	3	2	3	4
98	1	1	1	1

- out = 새 DataSet명

  프러시저 sort의 옵션과 같은 역할을 한다.

프러시저 rank의 명령문들은 아래와 같다.

▷var 문

순위를 매기고자 하는 숫자형 변수들을 지정한다. 이 문을 생략하면 DataSet에 있는 모든 변수들에 대하여 순위를 배정한다.

▷ranks 문

프러시저 rank를 실행하여 나온 결과(순위)는 원래의 변수에 저장된다. 이 경우 원래의 자료는 덮여 사라진다. 변수들의 원래의 값들을 보존하고 동시에 새로운 변수에 순위를 저장하고자 할 경우 ranks 문을 활용한다.

▷by 문

프러시저 rank의 by 문에 지정된 변수는 프러시저 rank를 실행하기 전 프러시저 sort를 사용하여 정렬을 먼저 해야 한다.

예

```
proc sort;
  by gender;
run;
proc rank;
  by gender;
run;
```

예제 6.2는 프러시저 rank의 옵션과 명령문들의 기능을 보여준다. 옵션으로 descending과 ties = low를 지정하였으며 변수 avg에 대해서만 순위를 매기는데 그 결과를 원래의 변수 avg에 덮어쓰지 않고 새로운 변수 avg_rank에 기록하도록 하였다.

예제 6.2

시험점수들의 평균을 구하고 프러시저 rank를 사용하여 각 학생들의 순위를 결정한다.

```
title '프러시저 rank의 적용';
data prog6_2;
input id name $ 6-12 department $ midterm final;
avg = (midterm + final)/2.0;
cards;
4723 Park P. Math 86 80
5345 Shin J. Math 56 90
4328 Choi S. Stat 78 72
5719 Park A. Comp 59 69
5368 Kim L. Stat 93 93
4305 Kim E. Math 97 91
4614 Lee S. Comp 89 95
5133 Jong R. Math 86 100
5345 Kang P. Stat 93 70
4328 Lee U. Comp 67 82
;
proc rank descending ties = low;
var avg;
ranks avg_rank;
run;
proc print;
run;
```

실행결과

프러시저 rank의 적용

Obs	id	name	department	midterm	final	avg	avg_rank
1	4723	Park P.	Math	86	80	83.0	5
2	5345	Shin J.	Math	56	90	73.0	9
3	4328	Choi S.	Stat	78	72	75.0	7
4	5719	Park A.	Comp	59	69	64.0	10
5	5368	Kim L.	Stat	93	93	93.0	2
6	4305	Kim E.	Math	97	91	94.0	1
7	4614	Lee S.	Comp	89	95	92.0	4
8	5133	Jong R.	Math	86	100	93.0	2
9	5345	Kang P.	Stat	93	70	81.5	6
10	4328	Lee U.	Comp	67	82	74.5	8

예제 6.3은 프러시저 rank의 by 문의 활용을 보여준다.

예제 6.3

시험점수들의 평균을 구하고 프러시저 rank의 by 문을 이용하여 학과별로 순위를 정하고 출력하는 프로그램이다.

```
title '프러시저 rank의 by 문 활용';
data prog6_3;
set prog6_2;
;
proc sort;
by department;
run;
proc rank descending ties = low;
var avg;
```

```
ranks avg_rank;
by department;
run;
proc print;
by department;
run;
```

실행결과

```
                    프러시저 rank의 by 문 활용

-------------------- department=Comp --------------------

 Obs      id      name      midterm    final      avg    avg_rank

   1    5719    Park A.      59         69       64.0       3
   2    4614    Lee S.       89         95       92.0       1
   3    4328    Lee U.       67         82       74.5       2

-------------------- department=Math --------------------

 Obs      id      name      midterm    final      avg    avg_rank

   4    4723    Park P.      86         80        83        3
   5    5345    Shin J.      56         90        73        4
   6    4305    Kim E.       97         91        94        1
   7    5133    Jong R.      86        100        93        2

-------------------- department=Stat --------------------

 Obs      id      name      midterm    final      avg    avg_rank

   8    4328    Choi S.      78         72       75.0       3
   9    5368    Kim L.       93         93       93.0       1
  10    5345    Kang P.      93         70       81.5       2
```

만약 앞의 프로그램에서 두 문장

```
var avg;
ranks avg_rank;
```

를 생략하고 실행하면 다음과 같은 결과를 얻는다.

```
title 'ranks 문의 미 지정';
data cover_rank;
set prog6_2;
;
proc sort;
by department;
run;
proc rank descending ties = low;
by department;
run;
proc print;
by department;
run;
```

실행결과

```
                         ranks 문의 미 지정

-------------------- department=Comp ---------------------

 Obs         id         name      midterm     final        avg

  1          1        Park A.        3          3           3
  2          2        Lee S.         1          1           1
  3          3        Lee U.         2          2           2


-------------------- department=Math ---------------------

 Obs         id         name      midterm     final        avg

  4          3        Park A.        2          4           3
  5          1        Shin J.        1          3           4
  6          4        Kim E.         2          2           1
  7          2        Jong R.        2          1           2
```

```
-------------------- department=Stat ---------------------

Obs        id        name        midterm      final       avg

 8          3        Chooi S.       3           2          3
 9          1        Kim L.         1           1          1
10          2        Kang P.        1           3          2
```

6.3 proc gplot

프러시저 gplot은 gchart와 더불어 수집된 데이터를 그래프로 나타내어 모집단의 특성을 시각적으로 파악할 수 있도록 해주는 하나의 기술 통계 방법이다. 프러시저 gplot의 기본 구성은 다음과 같다.

```
proc gplot;
   plot y-축 변수 * x-축 변수 / 옵션들;
   symbol 옵션들;
```

그래프를 그리기 위해서는 plot 문 다음에 y-축의 변수와 x-축의 변수를 "y-축 변수 * x-축 변수"의 형태로 표시한다. plot의 옵션들은 아래와 같다.

▷ plot의 옵션들

- **axis**

  y-축, x-축의 간격을 지정한다. y-축의 간격을 지정하는 vaxis와 x-축의 간격을 지정하는 haxis의 속성이 있다.

- **ref**

  참고선을 그린다. 수평 참고선을 그리는 vref와 수직 참고선을 그리는 href가 있다.

- **overlay**

  여러 개의 그래프를 한 화면에 그리게 한다.

▷ symbol의 옵션들

- **c(color)**

  그래프의 색깔을 지정한다. red(빨간색), green(초록색), blue(파란색), purple(진홍색), yellow(노란색), black(검정색) 등을 사용할 수 있고 기본은 black이다.

- v(vertex)

  그래프의 점의 모양을 지정한다. dot(.), plus(+), star(*), circle(◦), square(▫) 등을 사용할 수 있고 기본은 +이다.

- h(height)

  점의 크기를 지정한다. 기본은 1이다.

- i(interpolation)

  그래프의 연결선을 지정한다. none(점의 모양만 표시), join(선), spline(스플라인 함수), needle(수직선) 등을 사용할 수 있고 기본은 none이다.

다음 두 예제 6.4와 예제 6.5는 두 변수 y, x에 대한 그래프를 그리는데 전자는 아무런 옵션없이 기본적인 그래프이며 후자는 옵션들을 첨가한 결과이다.

예제 6.4

두 변수 y, x에 대한 기본적인 그래프이다.

```
title 'x-y basic graph';
data prog6_4;
input x y @@;
cards;
0.5 30.4 0.8 22.9 1.0 50.0 2.1 38.3 3.4 33.5
5.0 52.4 5.5 64.7 7.2 87.5 8.4 69.5 9.5 80.0
run;
proc gplot;
plot y*x;
run;
```

실행결과

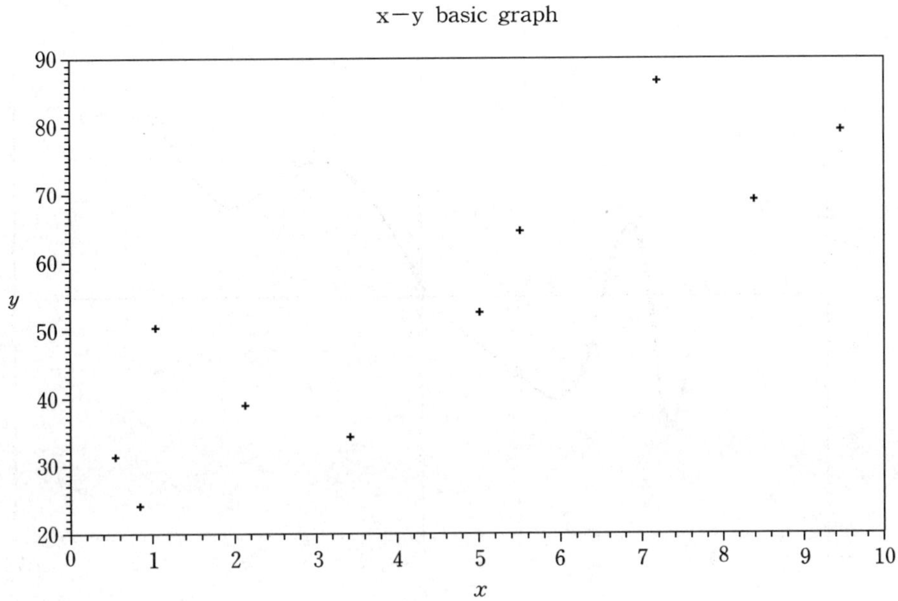

예제 6.5

옵션들을 첨가한 두 변수 y, x에 대한 그래프이다.

```
title 'x-y graph with options';
data prog6_5;
input x y @@;
cards;
0.5 30.4 0.8 22.9 1.0 45.0 2.1 38.3 3.4 33.5
5.0 52.4 5.5 64.7 7.2 77.5 8.4 69.5 9.5 88.0
run;
proc gplot;
plot y*x / vref=50 href=5 vaxis=0 to 100 by 20 haxis=-2 to 12
  by 2;
symbol c=blue v=circle h=1.5 i=spline;
run;
```

실행결과

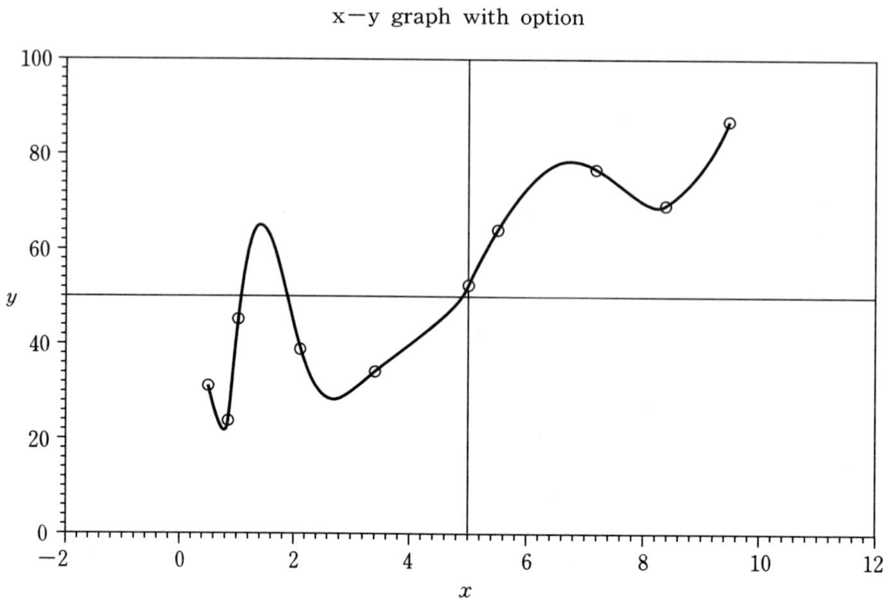

예제 6.6은 overlay 옵션을 사용하여 두 그래프를 한 화면에 나타내었다.

예제 6.6

표준정규분포의 확률밀도함수의 그래프와 삼각함수 cos(x)의 그래프를 한 화면에 그리는 프로그램이다.

```
title 'graph for function and overlapping';
data prog6_6;
pi = 3.14159;
mu = 0;
sigma = 1;
do x = -5 to 5 by 0.05;
y1 = (1/sqrt(2*pi*sigma))*exp((-(x-mu)**2)/(2*sigma**2));
y2 = cos(x);
```

```
output;
end;
proc gplot;
plot y1*x y2*x / overlay vaxis = -1 to 1 by 0.1;
symbol1 c=red v=none i=join;
symbol2 c=blue v=none i=join;
run;
```

실행결과

graph for function and overlaying

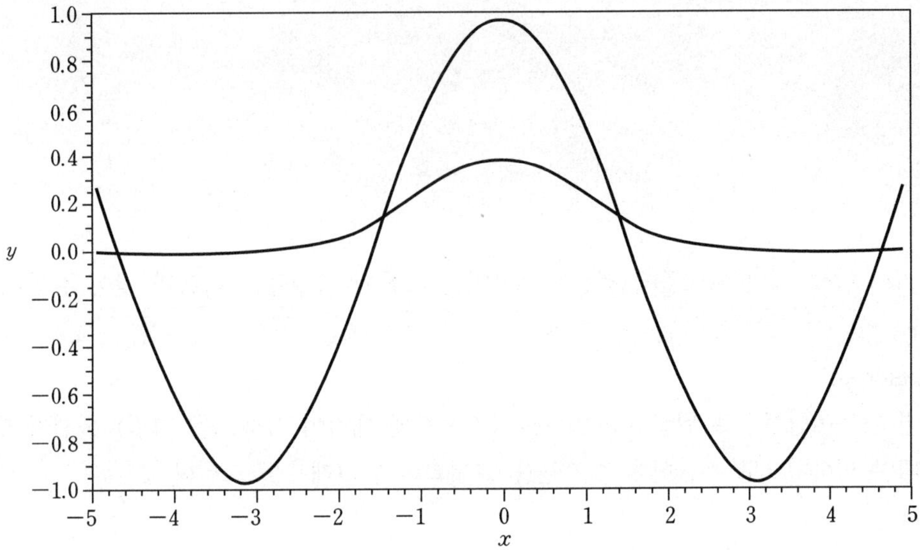

주목 옵션 symbol1은 변수 이름하고는 상관없이 첫 번째 그래프 y1*x에 대응되고 옵션 symbol2는 두 번째 그래프 y2*x에 대응된다.

6.4 proc gchart

프러시저 gchart는 수직 막대그래프(vbar), 수평 막대그래프(hbar), 파이그래프(pie), 별그래프(star), 3차원 막대그래프(block)의 차트를 작성함으로써 변수들이 갖는 분포의 모양이나 특성을 쉽게 파악할 수 있게 해준다. gchart의 기본 구성은 다음과 같다.

```
proc gchart;
   vbar 변수명들 / 옵션들;
   hbar 변수명들 / 옵션들;
   pie 변수명들 / 옵션들;
   star 변수명들 / 옵션들;
   block 변수명들 / 옵션들;
```

위의 다섯 개의 차트들에 적용될 수 있는 공통된 옵션들은 다음과 같이 요약된다.

- discrete

  변수를 이산형으로 취급하고(변수의 각 숫자에 대하여 그래프를 그림) 옵션이 생략되면 연속형으로 취급하여 숫자들을 그룹화하여 그래프를 그린다.

- type = 형식

  변수의 값을 아래에 주어진 형식으로 표시하여 그래프에 나타낸다.

형 식	의 미
freq	빈도(도수) - 기본값임
percent 또는 pct	비율
cfreq	누적빈도
cpct	누적비율
sum	옵션 sumvar에 지정한 변수의 합계
mean	옵션 sumvar에 지정한 변수의 평균

• sumvar = 변수

옵션 type에서 sum과 mean을 구해야 되는 변수를 지정한다.

• midpoints = 값들

수평축, 수직축의 지표값을 설정한다.

예

```
midpoints = 0 to 10 by 2
```

위의 옵션들 외에 vbar, hbar, block 차트에 추가로 적용할 수 있는 옵션들은 아래와 같다.

• group = 변수

지정한 변수의 값에 따라 그룹화하여 그래프를 그린다.

• subgroup = 변수

지정한 변수의 값의 비율에 따라 막대 전체를 분할 표시하여 그래프를 그린다.

다음은 pie 차트에 추가로 적용 가능한 옵션들이다.

• freq = 변수

도수의 값을 나타내고 싶은 변수를 지정한다.

• percent = inside 또는 outside

inside로 지정하는 경우 변수의 값들이 퍼센트로 변환되어 pie 차트의 내부에 나타난다. outside로 설정하는 경우 pie 차트의 외부에 표시된다.

다음 두 예제 6.7과 예제 6.8은 다양한 차트를 그리는데 전자는 아무런 옵션없이 기본적인 그래프이며 후자는 옵션들을 첨가한 결과이다.

예제 6.7

앞에서 소개한 다섯 개의 기본적인 차트를 변수 salary(연봉)에 대해서 그린다(연봉의 단위는 만 원).

```
title 'use of basic proc gchart';
data prog6_7;
input id name $ 6-12 gender $ occupation $ salary;
cards;
4723 Park P. F FI 2850
5345 Shin J. M IT 2800
4328 Choi S. M ED 2450
5719 Park A. F ED 2450
5368 Kim L.  F IT 2700
4305 Kim E.  F FI 1920
4614 Lee S.  M IT 3050
5133 Jong R. M FI 3360
5345 Kang P. F ED 2700
4328 Lee U.  F FI 3360
run;
proc gchart;
vbar salary;
hbar salary;
pie salary;
star salary;
block salary;
run;
```

실행결과

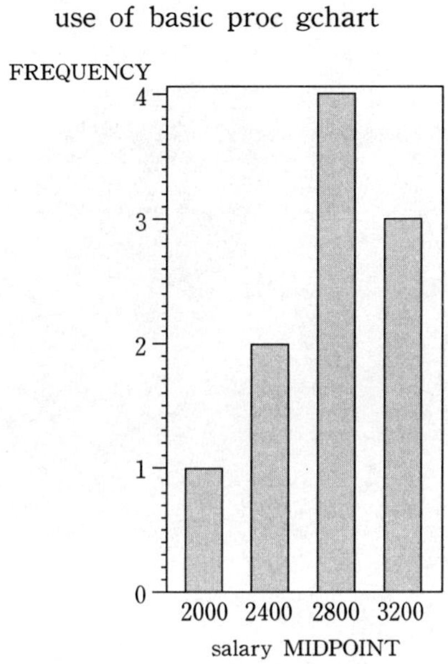

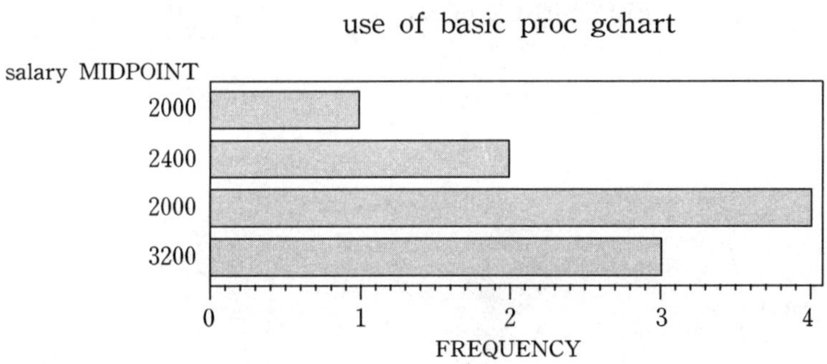

FREQ.	CUM. FREQ.	PCT.	CUM. PCT.
1	1	10	10
2	3	20	30
4	7	40	70
3	10	30	100

use of basic proc gchart
FREQUENCY of salary

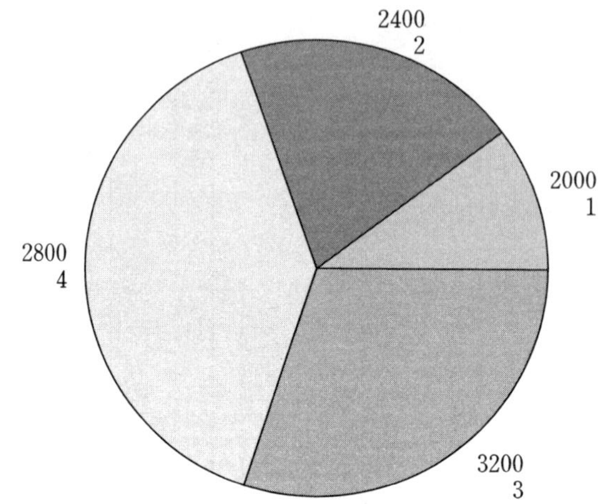

use of basic proc gchart
FREQUENCY of salary

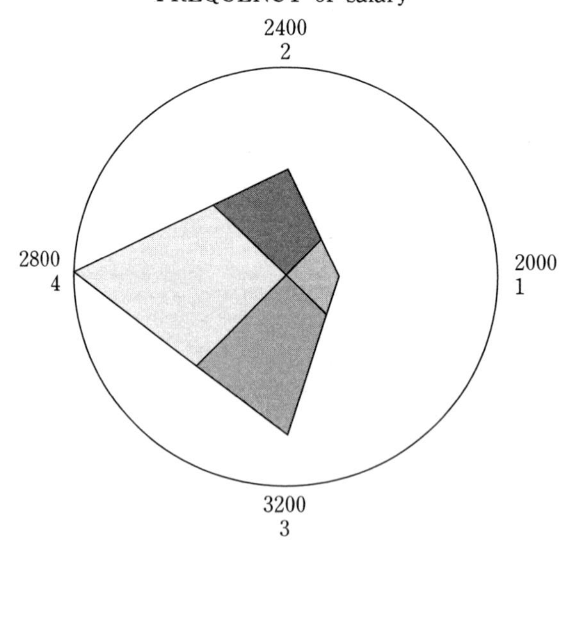

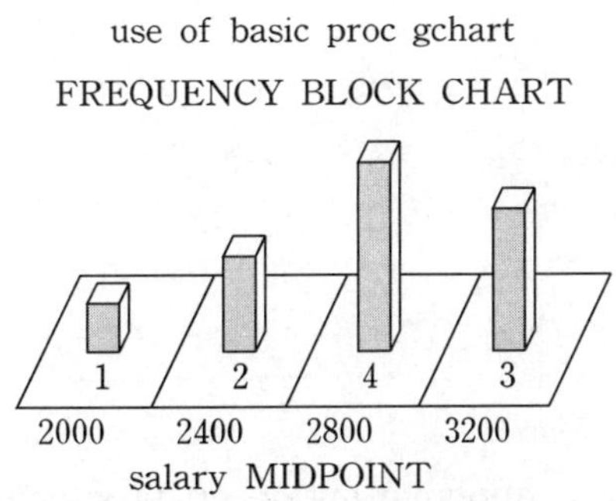

예제 6.8

다섯 개의 차트에 다양한 옵션을 추가하여 그린다.

```
title 'applying options on proc gchart';
data prog6_8;
input id name $ 6-12 gender $ occupation $ salary;
cards;
4723 Park P. F FI 2850
5345 Shin J. M IT 2800
4328 Choi S. M ED 2450
5719 Park A. F ED 2450
5368 Kim L.  F IT 2700
4305 Kim E.  F FI 1920
4614 Lee S.  M IT 3050
5133 Jong R. M FI 3360
5345 Kang P. F ED 2700
4328 Lee U.  F FI 3360
run;
proc gchart;
vbar salary /discrete type=pct group=gender;
```

```
hbar salary / midpoints=2000 to 3400 by 200;
pie occupation / freq=salary percent=inside;
star salary / discrete type=sum sumvar=salary;
block gender / subgroup = salary;
run;
```

실행결과

applying option on proc gchart

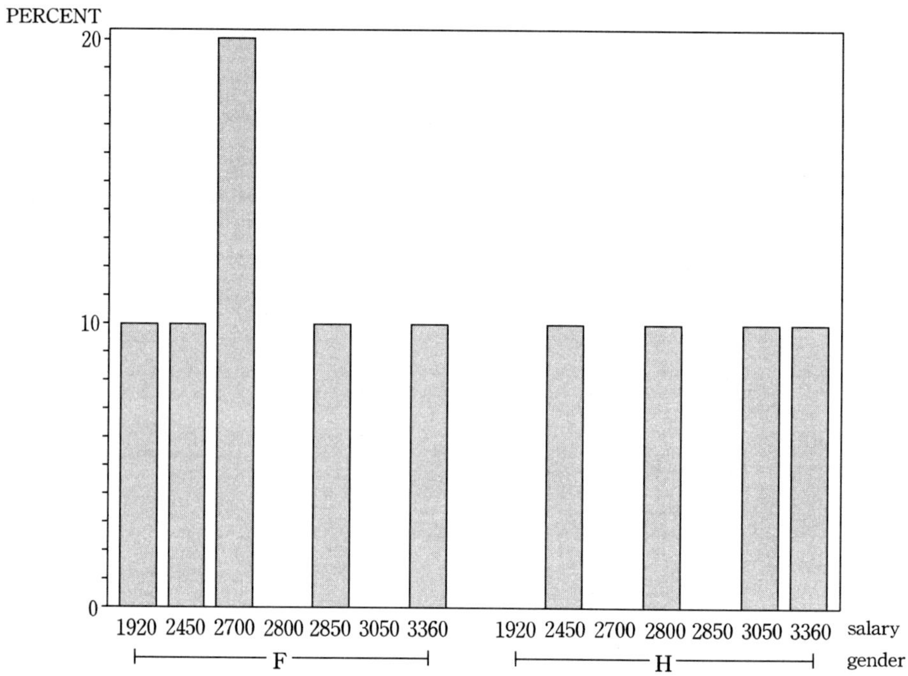

applying option on proc gchart

applying option on proc gchart

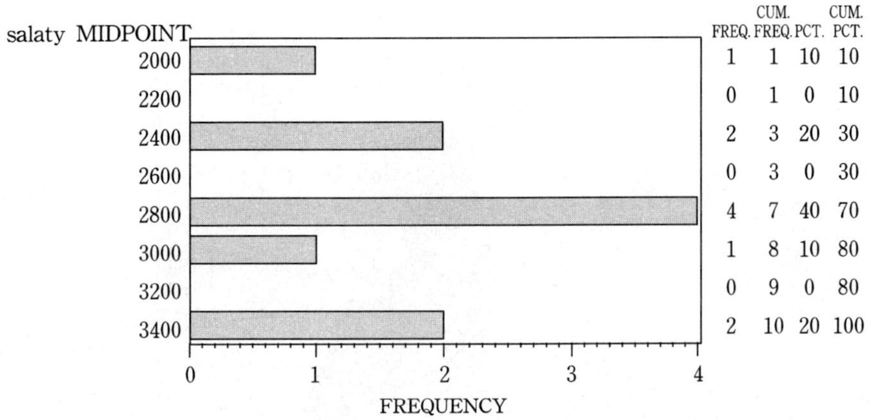

applying option on proc gchart

FREQUENCY of occupation

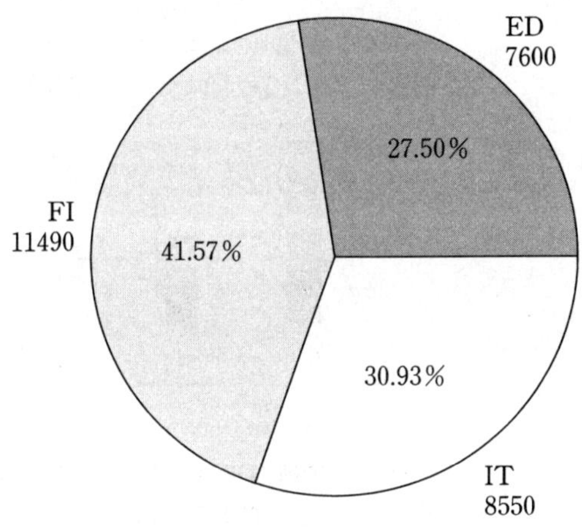

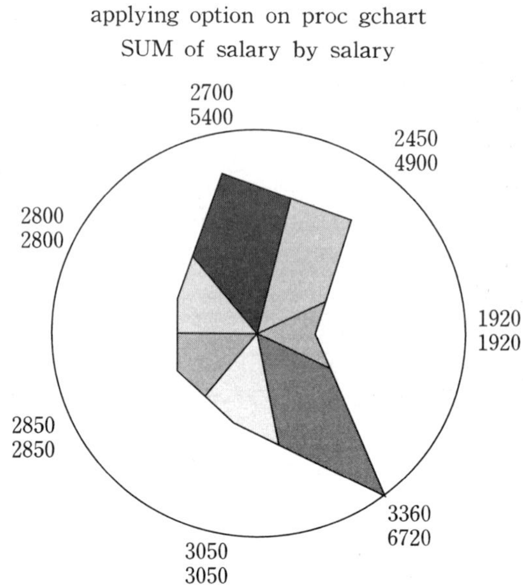
applying option on proc gchart
SUM of salary by salary
2700
5400
2450
4900
2800
2800
1920
1920
2850
2850
3360
6720
3050
3050

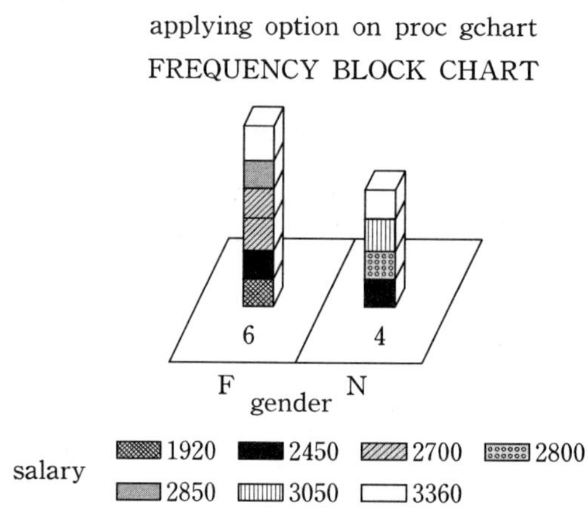
applying option on proc gchart
FREQUENCY BLOCK CHART
6
4
F
gender
N
salary
1920
2450
2700
2800
2850
3050
3360

제6장 연습문제

01. 이름과 세 점수를 읽고 평균, 평점[A, B, P(pass)만 부여], 평균에 대한 순위(가장 큰 값이 1위임)를 변수 avg_rank에 출력하는 프로그램이다. 잘못된 부분을 찾아 바르게 고쳐 보아라.

```
data project1;
input name $ math stat eng;
avg = (math + stat + eng)÷3;
if avg >= 90 then grade = A;
else if 80 <= avg < 90 then grade = B;
else grade = P;
card;
Kildong 72 80 40 Soonsin 94 95 86
Janggu 95 80 68 Bobae 72 100 89
run;
proc rank decreasing;
var avg;
rank avg_rank;
PROC print;
run;
```

02. 다음은 구간 (0.01, 4)상에서 두 개의 함수 $f(x) = -x^2$와 $g(x) = x\sin(1/x)$의 그래프들을 한 화면에 그리는 SAS 프로그램이다. 밑줄 친 공간을 채우고 프로그램을 실행하여라.

```
data twographs;
do __________ = 0.01 to 4 by 0.005;
  f1 = -xval**2;
  f2 = _________________________
  output;

__________
symbol1 c=blue v=dot i=join h=0.2;
__________ c=blue v=dot i=join h=0.2;
```

```
proc gplot;
plot f1*xval _________ / _________ vref = 0 vaxis = -1 to 1;
run;
```

03. 다음은 어느 수학과 졸업생의 취업실태 조사에 대한 자료이다. 이 자료들을 시각적으로 잘 나타낼 수 있도록 수직 막대그래프와 파이그래프를 그려보아라.

분야	취업자 수	평균초봉(만 원)
Finance(금융분야)	6	3270
IT(컴퓨터분야)	9	2810
Public(공교육)	4	2400
Private(사교육)	12	2550
Official(공무원)	6	2240
Graduate(대학원)	3	850

04. 다음은 SAS 프로그래밍 과목에서 열 명이 치른 중간고사 결과이다. 이 자료들을 읽어들이고 가장 높은 점수에서 가장 낮은 점수 순으로 정렬을 하고 순위를 매기는 프로그램을 작성하여라.

id	gender	midterm
3456	M	78
4523	F	90
3926	F	56
5801	M	60
4115	F	55
5283	F	83
5572	M	74
4572	M	60
3018	F	96
3927	M	87

05. 구간 $[-3, 3]$상에서 함수 $f(x) = \dfrac{1}{1+x^2}$의 그래프와 다음 점들을 한 화면에 동시에 그려 보아라(점들은 동그란 원으로 나타냄).

x	-3	-2	-1	0	1	2	3
y	0.12	0.15	0.55	0.97	0.47	0.25	0.07

06. 다음 자료를 읽고 아래의 실행결과가 나오도록 프로그램을 작성해보아라.

자료:	Joo	15	3	Kim	10	5
	Park	5	10	Lee	10	10

실행결과

```
                 Program face
Obs          name          스마일        찡그림
 1           Joo             15            3
 2           Kim             10            5
 3           Park             5           10
 4           Lee             10           10
                          ========     ========
                             40           28
```

prcgram face
FREQUENCY of name

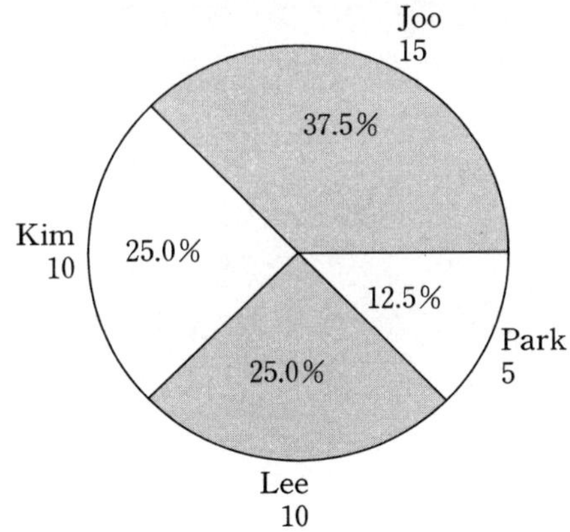

제7장

기초 통계분석

실험, 설문 조사 등의 표본조사를 수행하여 표본자료들을 수집하고 이 자료들로부터 모집단의 특성 등 모집단에 관한 유용한 정보를 얻기 위하여 제6장에서는 그래프를 활용하여 자료들을 시각적으로 정리하고 요약하였다. 이 장에서는 자료의 분석 및 비교 평가를 위한 객관적인 수치적 측도를 산출하는 기술통계량 방법들인 proc freq, proc means, proc univariate을 다루고자 한다.

7.1 proc freq

프러시저 freq는 빈도, 누적빈도 등 간단한 통계량들을 요약하여 표의 형태로 출력한다.

▷proc freq의 일반 형식:

```
proc freq;
   tables 변수명 또는 변수명1*변수명2;
   weight 변수명;
```

- **tables 변수명**

  단순 빈도표를 출력한다. "tables 변수명1*변수명2"의 경우 두 변수의 교차내용을 다루는 2차원 빈도표를 출력한다.

- **weight 변수명**

  어느 변수의 도수를 사용할 것인지를 구체적으로 지정한다.

예제 7.1

단순 빈도표와 2차원 빈도표를 출력하는 프로그램이다.

```
title 'use of proc freq';
data prog7_1;
input id party $ vote $ @@;
cards;
```

```
4323 한나라 찬성  5753 민주 반대    4183 한나라 반대  4266 민주 기권
4455 민주 찬성    5324 민주 찬성    5623 한나라 찬성  4911 한나라 반대
4643 민주 찬성    5553 한나라 반대
run;
proc freq;
tables vote;
tables party*vote;
run;
```

실행결과

```
                          use of proc freq

                           FREQ 프러시저

                                                   누적            누적
     vote          빈도          백분율            빈도          백분율
    ---------------------------------------------------------------------
     기권            1          10.00              1           10.00
     반대            4          40.00              5           50.00
     찬성            5          50.00             10          100.00

                     party * vote 교차표
         party                  vote
                 빈도|
               백분율|
            행 백분율|
         칼럼 백분율| 기권     | 반대     | 찬성     |  총합
         ---------+--------+--------+--------+
         민주      |       1|       1|       3|
                   |   10.00|   10.00|   30.00|     5
                   |   20.00|   20.00|   60.00|  50.00
                   |  100.00|   25.00|   60.00|
         ---------+--------+--------+--------+
         한나라    |       0|       3|       2|     5
                   |    0.00|   30.00|   20.00|  50.00
                   |    0.00|   60.00|   40.00|
                   |    0.00|   75.00|   40.00|
         ---------+--------+--------+--------+
         총합             1        4        5      10
                      10.00    10.00    50.00  100.00
```

예제 7.2

프러시저 freq의 weight 문을 다룬다(연봉의 단위는 만 원임).

```
title 'use of weight in proc freq';
data prog7_2;
input vocation $ number salary;
cards;
Finance    6 3270
IT         9 2810
Public     4 2400
Private   12 2550
Official   6 2240
run;
proc freq;
tables vocation;
weight number;
run;
proc gchart;
vbar vocation /type=freq freq=number;
run;
```

실행결과

use of proc freq

FREQ 프러시저

vocation	빈도	백분율	누적 빈도	누적 백분율
Finance	6	16.22	6	16.22
IT	9	24.32	15	40.54
Official	6	16.22	21	56.76
Private	12	32.43	33	89.19
Public	4	10.81	37	100.00

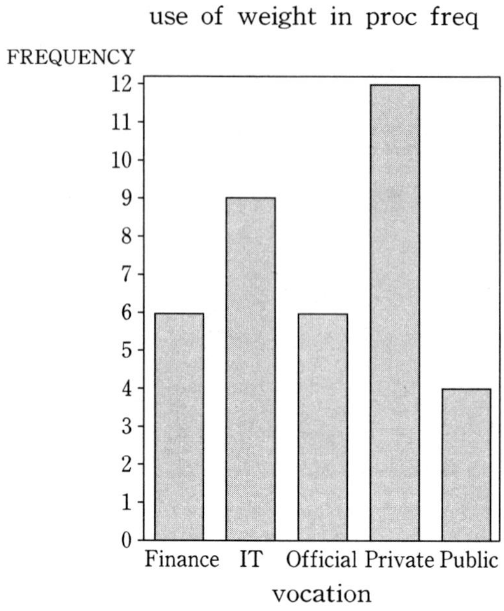
use of weight in proc freq
FREQUENCY
12
11
10
9
8
7
6
5
4
3
2
1
0
Finance
IT
Official
Private
Public
vocation

7.2 proc means

프러시저 means는 변수의 값들에 대한 개수, 평균값, 표준편차 등 기본적인 기술 통계량을 제공하며 평균의 비교 검정에 사용할 수 있다. 기술 통계량인 평균값, 표준편차 등의 정의는 제10장에서 다룬다.

▷proc means의 일반 형식:

```
proc means 옵션들;
  var 변수명들;
  by 변수명들;
  output out = dataset명;
```

프러시저 means의 중요한 옵션들은 다음과 같이 주어진다. 여기서 다루지 않은 옵션들과 명령문들은 다른 서적을 참고하기 바란다.

- maxdec = n

  계산된 통계량의 값들을 소수 n자리까지만 출력한다.

- fw = n

  계산된 통계량의 값들을 전체 n자리 폭 안에(n칸을 사용하여) 출력한다. 이 n자리 폭에는 소수점과 음의 부호가 포함된다. 기본값은 fw = 12이다.

- statistic-keyword

  옵션을 생략하면 개수(n), 평균값(mean), 표준편차(std), 최소값(min), 최대값(max)만 출력한다. 생략하지 않고 옵션을 지정하는 경우, 옵션들로는 이 다섯 가지 외에 신뢰구간과 관련되는 유의수준 α의 값, 신뢰구간의 한계값 clm, 합(sum), 중위수(median), 분산(var), 첨도(kurtosis) 등이 있으나 이런 옵션들, 역시 다음 절에 소개하는 프러시저 univariate에서 다루기 때문에 여기서는 statistic-keyword를 생략한 경우만 취급한다.

마지막으로 명령문 var에는 통계량을 얻고자 하는 변수명들을 적어 주고, by에는 변수의 값에 따라 출력하고자 할 때의 변수명, output out에는 결과 내용을 담고자 하는 자료 세트 이름을 지정해준다.

예제 7.3

시험점수들의 평균을 구하고 프러시저 means를 사용하여 원하는 변수들의 평균, 표준편차 등을 구한다.

```
title '프러시저 means의 적용';
data prog7_3;
input id name $ 6-12 department $ midterm final;
avg = (midterm + final)/2.0;
cards;
4723 Park P. Math 86 80
5345 Shin J. Math 56 90
4328 Choi S. Stat 78 72
5719 Park A. Comp 59 69
5368 Kim L.  Stat 93 93
4305 Kim E.  Math 97 91
4614 Lee S.  Comp 89 95
5133 Jong R. Math 86 100
5345 Kang P. Stat 93 70
4328 Lee U.  Comp 67 82
;
proc means;
var midterm final avg;
run;
proc means maxdec = 2;
var midterm final avg;
run;
```

실행결과

프러시저 means의 적용

The MEANS Procedure

변수	N	평균값	표준편차	최소값	최대값
midterm	10	80.4000000	14.7888847	56.0000000	97.0000000
final	10	84.2000000	11.1932519	69.0000000	100.0000000
avg	10	82.3000000	10.5229907	64.0000000	94.0000000

The MEANS Procedure

변수	N	평균값	표준편차	최소값	최대값
midterm	10	80.40	14.79	56.00	97.00
final	10	84.20	11.19	69.00	100.00
avg	10	82.30	10.52	64.00	94.00

■■■

7.3 proc univariate

통계 자료의 분포 특성에 대한 측도로 대표값, 산포도, 형상측도가 있다. 대표값은 자료 전체를 대표하는 값으로 분포와 중심경향을 나타내며 평균값, 중앙값, 최빈값 등이 있다. 산포도는 자료가 얼마나 넓게 흩어져 있는지의 상태를 나타내는 측도이며 분산, 표준편차, 범위 등이 이에 포함된다. 형상측도는 자료의 분포의 모양을 설명해주며 비대칭 정도를 나타내는 왜도와 봉우리가 얼마나 첨예한지를 나타내는 첨도가 있다. 프러시저 univariate를 실행하면 위에 언급한 소위 일변량 통계량들을 모두 출력한다. 이 통계량들에 대해서는 제10장에서 자세히 다룬다.

▷ proc univariate의 일반 형식:

```
proc univariate 옵션들;
var 변수명들;
by 변수명들;
```

프러시저 univariate의 옵션들은 다음과 같이 주어진다.

- **freq**

  이 옵션은 var 문에 선언된 변수에 대한 도수분포표를 출력한다.

- **normal**

  분석하고자 하는 자료들이 정규분포를 따르는지 정규성 검정을 시행한다. 검정의 귀무가설과 대립가설은 다음과 같다.

$$H_0 \ : \text{정규분포를 따른다.}$$

관측값의 개수가 2000 이하이면 모집단의 분포가 정규분포를 따르는가의 검정을 위한 통계량으로 샤피로-윌크 통계량(Shapiro-Wilk statistic) W를 계산한다. 이때 검정의 유의확률(prob < W)이 0.05보다 작으면 귀무가설 H_0를 기각한다. 즉, 모집단의 자료들은 정규분포를 따르지 않음을 의미한다. 관측값의 개수가 2000 이상이면

콜모고로프-스미노프 통계량(Kolmogrov-Smirnov statistic) D를 계산하여 귀무가설의 채택여부를 결정한다(검정에 대해서는 제16장에서 자세히 다룬다).

• plot
줄기와 잎 그림, 상자 그림, 정규 확률도를 출력한다.

명령문 var에는 통계량을 얻고자하는 변수명들을 적어 준다. 생략하면 모든 숫자변수들에 대하여 통계량을 계산한다. by 문은 변수의 값들에 따라 분리하여 프러시저 univariate를 실행한다.

예제 7.4는 예제 7.3에 있는 자료들에 프러시저 univariate를 실행한다.

예제 7.4

다른 옵션 지정없이 변수 avg에 대해서만 프러시저 univariate를 적용하는 프로그램이다.

```
title '프러시저 univariate의 적용':
data prog7_4;
set prog7_3;
run;
proc univariate;
var avg;
run;
```

실행결과

```
                프러시저 univariate의 적용

                  UNIVARIATE 프러시저
                      변수: avg
```

적률

N	10	가중합	10
평균	82.3	관측치 합	823
표준편차	10.5229907	분산	110.733333
왜도	-0.337579	첨도	-1.1357221
제곱합	68729.5	수정 제곱합	996.6
변동계수	12.7861369	평균의 표준오차	3.32766184

기본 통계측도

위치측도		변이측도	
평균	82.30000	표준편차	10.52299
중간값	82.25000	분산	110.73333
최빈값	93.00000	범위	30.00000
		사분위 범위	18.50000

위치모수검정: Mu0=0

검정	------ 통계량 ------		------ p-값 ------	
스튜던트의 t	t	24.73208	Pr > |t|	<.0001
부호	M	5	Pr >= |M|	0.0020
부호 순위	S	27.5	Pr >= |S|	0.0020

분위수(정의 5)

분위수	추정값
100% 최대값	94.00
99%	94.00
95%	94.00
90%	93.50
75% Q3	93.00
50% 중위수	82.25
25% Q1	74.50
10%	68.50
5%	64.00
1%	64.00
0% 최소값	64.00

극 관측치

---- 작은 값부터 ----		---- 큰 값부터 ----	
값	관측치	값	관측치
64.0	4	83	1
73.0	2	92	7
74.5	10	93	5
75.0	3	93	8
81.5	9	94	6

통계량 값들에 대한 정의 및 의미는 다음과 같다.

- **N : 관측치의 개수**
- **평균 :** $\bar{x} = \frac{1}{n}\sum_{i=1}^{n} x_i$
- **관측치 합 :** $\sum_{i=1}^{n} x_i$
- **표준편차 :** $s = \frac{1}{n-1}\sum_{i=1}^{n}(x_i - \bar{x})^2$
- **분산 :** s^2
- **왜도 :** $\frac{1}{n}\sum_{i=1}^{n}\frac{(x_i - \bar{x})^3}{s^3}$
- **첨도 :** $\frac{1}{n}\sum_{i=1}^{n}\frac{(x_i - \bar{x})^4}{s^4}$
- **제곱합 :** $\sum_{i=1}^{n} x_i^2$
- **수정 제곱합 :** $\sum_{i=1}^{n}(x_i - \bar{x})^2$
- **변동계수 :** $\frac{s}{x}100$

- **평균의 표준편차** : $\frac{s}{\sqrt{n}}$

T:Mean=0, Prob > |T|

$t=\frac{\bar{x}}{s/\sqrt{n}}$ 값에 의해 구해지며 평균을 검정한다.

- **중간값** : n이 홀수이면 $\frac{n+1}{2}$번째 자료값을, n이 짝수이면 $\frac{n}{2}$번째와 $\left(\frac{n}{2}+1\right)$번째 자료값의 평균이 부여된다.

- **최빈값** : 자료 중 가장 빈도수가 많은 값

- **범위** : R = 자료의 최대값 - 자료의 최소값

- **사분위 범위** : $Q=(Q_3-Q_1)$

  여기서 Q_3은 크기순으로 나열하여 75%번째에 해당하는 자료값이며 Q_1은 25%번째에 대응되는 자료값이다.

만약 아래의 예와 같이 프러시저 univariate에 normal, freq, plot 옵션들을 추가하면 예제 7.4에서 얻은 결과 외에 정규성 검증 결과, 도수분포표, 세 가지의 그림들이 출력된다.

예

```
data prog7_4;
 set prog7_3;
 run;
 proc univariate normal freq plot;
 var avg;
 run;
```

실행결과

정규성 검정

검정	---- 통계량 ----		------ p-값 ------
Shapiro-Wilk	W	0.897292	Pr < W 0.2045
Kolmogorov-Smirnov	D	0.221681	Pr > D >0.1500
Cramer-von Mises	W-Sq	0.068008	Pr > W-Sq >0.2500
Anderson-Darling	A-Sq	0.455319	Pr > A-Sq 0.2173

```
                              빈도

          백분율                  백분율                  백분율
  값   빈도   칸    누적   값   빈도   칸    누적   값   빈도   칸    누적

 64.0   1   10.0 10.0 75.0   1   10.0 40.0 92.0   1   10.0  70.0
 73.0   1   10.0 20.0 81.5   1   10.0 50.0 93.0   2   20.0  90.0
 74.5   1   10.0 30.0 83.0   1   10.0 60.0 94.0   1   10.0 100.0


          줄기 잎                     #          상자그림
             9 2334                   4          +-----+
             8                                   |     |
             8 23                     2          *--+--*
             7 5                      1          |     |
             7 34                     2          +-----+
             6                                      |
             6 4                      1             |
               ----+----+----+----+
                 값 : (줄기, 잎)*10** +1


                                정규 확률도
     92.5+                                   *  *+++++  *
          |                                +++++
          |                           +*+*+
     77.5+                        ++*+
          |                   +*++*
          |              +++++
     62.5+          +++++ *
           +----+----+----+----+----+----+----+----+----+----+
                     -2        -1         0        +1        +2
```

제7장 연습문제

01. 다음 자료는 우리나라 대학의 기여입학제도에 대해 찬반을 묻는 설문조사결과이다. 자료는 나이 대, 성별, 찬반 순으로 작성되었다. 이 자료의 찬반에 대한 단순빈도표와 수직 막대그래프를 출력하는 프로그램을 작성하고 실행하여라.

```
20 여성 반대   40 남성 반대   30 남성 찬성   30 여성 반대   50 여성 찬성
40 남성 찬성   50 남성 반대   30 여성 기권   20 여성 찬성   40 남성 반대
50 여성 찬성   20 남성 찬성   20 남성 반대   30 남성 기권   40 여성 반대
```

02. 연습문제 1번의 자료에 대하여 성별과 찬반에 대한 2차원 빈도표, 나이 대와 찬반에 대한 2차원 빈도표를 출력하는 프로그램을 작성하고 실행하여라.

03. 다음 주어진 제6장 연습문제 4번의 자료에 대하여 평균, 표준편차 등의 기술통계량 값들을 프러시저 means을 이용하여(SAS 프로그램을 작성) 구하고 분석해보아라.

ID	gender	midterm
3456	M	78
4523	F	90
3926	F	56
5801	M	60
4115	F	55
5283	F	83
5572	M	74
4572	M	60
3018	F	96
3927	M	87

04. 위의 연습문제 3번의 자료에 대하여 평균, 표준편차, 왜도, 첨도 등의 기술통계량값들을 프러시저 univariate을 이용하여(SAS 프로그램을 작성) 구하고 분석해보아라.

제 2 부

제 8 장 셈의 방법
제 9 장 확률
제 10 장 기대값, 분산 및 적률
제 11 장 확률분포
제 12 장 결합확률분포
제 13 장 공분산, 상관계수 및 회귀분석
제 14 장 표본분포
제 15 장 추정
제 16 장 가설검정

제8장

셈의 방법

모집단으로부터 추출한 표본을 조사하여 표본에 대한 성질, 특징 등을 찾아낸 후 모집단에 대해 일반화하고 모집단의 성질에 대해 추론하는 학문을 통계학이라 한다면, 확률론은 이런 일반화 과정에 논리적인 근거를 제시해주는 학문이라 할 수 있다. 확률을 계산하기 위해서는 여러 실험에서 일어날 수 있는 가능한 수를 계산해야 한다. 이 장에서는 수의 계산, 즉 셈의 방법의 기본이 되는 곱셈법칙, 순열, 조합에 대해서 알아본다.

8.1 곱셈법칙

첫 번째 실험에서 n_1개의 가능한 결과가 나오고, 두 번째 실험에서는 n_2개의 가능한 결과가, …, 마지막 k 번째 실험에서 n_k개의 가능한 결과가 나온다면 연속적인 k번의 실험에 대한 가능한 총 결과들의 수는 다음과 같이 주어진다.

$$n_1 \cdot n_2 \cdot n_3 \cdot \cdots \cdot n_k$$

곱셈 법칙은 집합 $A_1, A_2, \cdots, A_k$의 원소의 개수가 각각 $n_1, n_2, \cdots, n_k$일 때 각 집합에서 한 개의 원소를 택하여 나열할 수 있는 전체 개수와 같다.

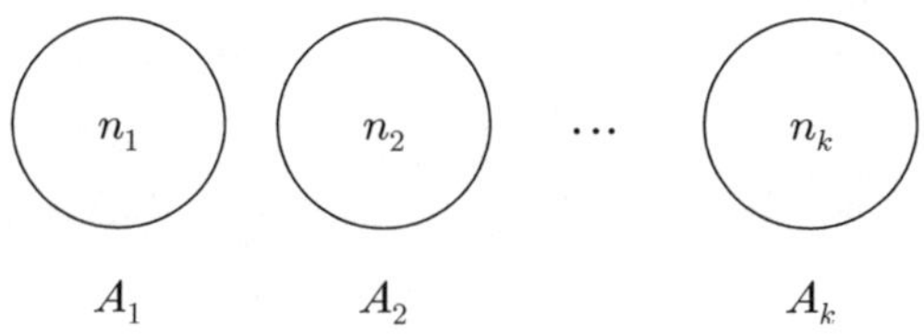

예제 8.1

주사위 2개를 던지는 실험에서 주사위 윗면에 나오는 수들로 구성될 수 있는 순서쌍들의 개수는?

풀이 $6 \cdot 6 = 36$ ■■■

예제 8.2

자동차의 번호판이 가, 나, 다 등 14개의 한글에서 선택된 글자 하나와 ㄱ, ㄴ, ㄷ 등 14개의 자음에서 선택된 글자 하나, 그리고 첫 번째 숫자가 0이 아닌 네 개의 숫자로 차례로 구성되어 있다면 몇 개의 번호 판을 만들 수 있는가?

풀이 $14 \cdot 14 \cdot 9 \cdot 10 \cdot 10 \cdot 10 = 1764000$ ■■■

예제 8.3

정의역에 k개의 원소가 있고 치역이 $\{-1, 0, 1\}$일 때 만들 수 있는 함수의 개수는?

풀이 $\underbrace{3 \cdot 3 \cdot \cdots \cdot 3}_{k\text{개}} = 3^k$ ■■■

8.2 순열

n개의 원소를 가진 집합 A에서 k개의 서로 다른 원소를 택하여 만든 순서열의 개수를 **순열**이라 하고 $_nP_k$로 나타내며 다음과 같이 주어진다.

$$_nP_k = n(n-1)(n-2)\cdots(n-k+1) = \frac{n!}{(n-k)!}$$

여기서 $n! = n \cdot (n-1) \cdot (n-2) \cdot \cdots \cdot 3 \cdot 2 \cdot 1$이다. 이와 같이 중복을 허락하지 않는 경우를 비복원추출이라 한다. n계승의 계산에 대한 SAS의 문장은 fact(n)이며 순열 $_nP_k$의 계산에 대한 SAS 문장은 perm(n,k)이다. 중복을 허락하는 경우는 복원추출이라 하며 아래와 같이 나타낸다.

$$_n\Pi_k = n^k$$

특히 n개의 서로 다른 원소를 모두 택하여 나열할 수 있는 경우의 수는 $k=n$이기 때문에

$$_nP_n = \frac{n!}{(n-n)!} = \frac{n!}{0!} = n!$$

이다.

예제 8.4

월드컵 축구게임을 시작하기 전 11명의 태극마크 선발선수들이 그룹사진을 찍기 위하여 종대로 설 수 있는 경우의 수는 모두 몇 가지인가?

풀이 11가지 ■■■

예제 8.5

문자 a, b, c, d, e, f, g에 대하여

(a) 알파벳 7개 모두를 나열할 수 있는 수는?

(b) 세 개를 선택하여 만들 수 있는 단어의 수는 몇 가지인가?

(c) 세 개를 선택하되 중복을 허락하여 만들 수 있는 단어의 수는 몇 가지인가?

풀이 (a) $7! = 5040$

(b) $7 \cdot 6 \cdot 5 = 210$

(c) $7^3 = 343$

다음은 예제 8.5를 SAS로 계산하였다.

```
data counting;
n=7; k=3;
a = fact(n);
b = perm(n,k);
c = n**k;
run;
proc print;
run;
```

실행결과

Obs	n	k	a	b	c
1	7	3	5040	210	343

8.3 조합

n개의 원소를 가진 집합 A에서 k개의 서로 다른 원소를 택하여 만든 집합의 개수를 조합이라 하고 ${}_nC_k \equiv \binom{n}{k}$로 나타내며 다음과 같이 주어진다.

$${}_nC_k \equiv \binom{n}{k} = \frac{n!}{k!(n-k)!}$$

조합은 동시추출의 경우이며 순서하고는 상관이 없다. 조합과 순열의 관계는 다음과 같다.

$${}_nC_k = \frac{{}_nP_k}{k!}$$

조합 ${}_nC_k$의 계산에 대한 SAS 문장은 comb(n, k)이다.

예제 8.6

주머니에 10개의 구슬이 들어 있다. 그 중 7개는 흰 구슬이고 3개는 검은 구슬이다.
(a) 주머니에서 4개의 구슬을 뽑을 수 있는 수는 모두 몇 가지인가?
(b) 4개의 구슬 중 2개는 흰 구슬이고 2개는 검은 구슬일 경우는?

풀이 (a) $\binom{10}{4} = \frac{10!}{4!6!} = 210$

(b) $\binom{7}{2}\binom{3}{2} = \frac{7!}{5!2!}\frac{3!}{1!2!} = 63$

위의 문제를 SAS로 계산하면 다음과 같다.

```
data combination;
n=10; k=4;
a = comb(n,k);
b = comb(7,2)*comb(3,2);
run;
```

```
proc print;
run;
```

실행결과

Obs	n	k	a	b
1	10	4	210	63

8.4 중복순열

주어진 n개의 원소들 중 똑같은 원소가 있는 경우의 순열의 수를 중복순열이라 한다.

정리 8.1

n개의 개체를 가진 집합 A에서 n_1개의 개체들이 같고, n_2개의 개체들이 같고, $\cdots$, n_r개의 개체들이 같고 $n = n_1 + n_2 + \cdots + n_r$이라고 하자.

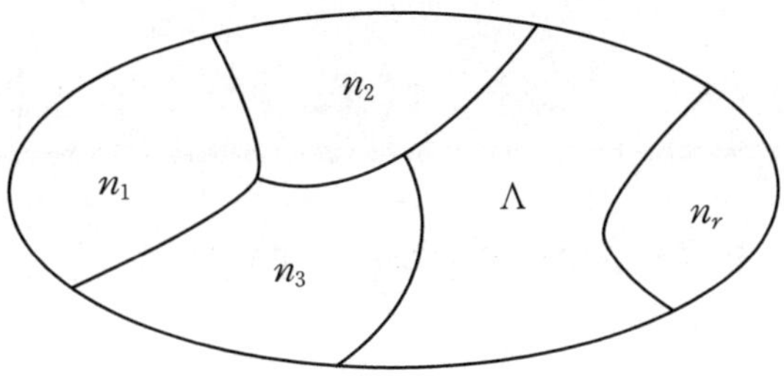

A

이때 n개의 개체들로 이루어진 중복순열의 수는 다음과 같다.

$$_nP_{n_1, n_2, \cdots, n_r} = \frac{n!}{n_1!\, n_2! \cdots n_r!}$$

증명 n_1개의 똑같은 개체들이 n개의 자리에 들어갈 수 있는 방법의 수는 $\binom{n}{n_1}$, n_2개의 똑같은 개체들이 나머지 $n - n_1$개의 자리에 들어갈 수 있는 방법의 수는 $\binom{n-n_1}{n_2}$, $\cdots$, n_r개의 똑같은 개체들이 나머지 $n - n_1 - n_2 - \cdots - n_{r-1}$개의 자리에 들어갈 수 있는 방법의 수는 $\binom{n - n_1 - n_2 - \cdots - n_{r-1}}{n_r}$이다. 따라서 n개의 개체들로 이루어진 총 순열의 수는 곱의 원리를 이용하여

$$\begin{aligned} _nP_{n_1, n_2, \cdots, n_r} &= \binom{n}{n_1}\binom{n-n_1}{n_2}\cdots\binom{n - n_1 - n_2 - \cdots - n_{r-1}}{n_r} \\ &\vdots \\ &= \frac{n!}{n_1!\, n_2! \cdots n_r!} \end{aligned}$$

이다. ■■■

예제 8.7

모두 13장의 색종이가 있다. 그 중 5장은 노란색, 2장은 빨간색, 4장은 파란색, 2장은 초록색이면 색종이들을 일렬로 나열할 수 있는 수는 무엇인가?

풀이 $\dfrac{13!}{5!2!4!2!} = 540540$ ■■■

예제 8.8

A, R, R, A, N, G, E, M, E, N, T를 사용하여 만들 수 있는 문자들의 배열은 모두 몇 가지인가?

풀이 $\dfrac{11!}{2!2!2!2!} = 2494800$ ■■■

8.5 중복조합

n개의 원소를 가진 집합 A에서 중복을 허락하여 k개를 택하는 조합의 수를 **중복조합**이라 하고 ${}_nH_k$로 나타내며 다음과 같이 주어진다.

$$ {}_nH_k \equiv \binom{n+k-1}{k} $$

예를 들면 $A=\{1, 2\}$에서 중복을 허락하여 3개를 택하는 조합의 수는 $\{111, 112, 122, 222\}$로서

$$ {}_nH_k = {}_2H_3 = \binom{2+3-1}{3} = \binom{4}{3} = 4 $$

가 되며, 4개를 선택하는 조합의 수는 $\{1111, 1112, 1122, 1222, 2222\}$로서

$$ {}_nH_k = {}_2H_4 = \binom{2+4-1}{4} = \binom{5}{4} = 5 $$

가 된다.

주목 조합의 수 $\binom{4}{3}$과 $\binom{5}{4}$가 어떻게 도출되는지 알기 위하여 다음 절차를 따른다. $\{111, 112, 122, 222\}$에 속하는 원소의 첫 번째 수는 그대로 두고 i번째 수에 $i-1$을 더한다. 이 경우 $\{111, 112, 122, 222\}$는 $\{123, 124, 134, 234\}$가 되어 $\binom{4}{3}$임이 확실해진다. 유사하게 $\{1111, 1112, 1122, 1222, 2222\}$는 $\{1234, 1235, 1245, 1345, 2345\}$가 된다.

예제 8.9

$A=\{a, b, c, d, e, f\}$에서 중복을 허락하여 5개를 택하는 가지 수는 얼마인가?

풀이 $n=6, k=5$이기 때문에 ${}_6H_5 = \binom{10}{5} = 252$이다. ■■■

예제 8.10

방정식 $x+y=3$에 대하여 음이 아닌 정수해는 몇 개가 존재하는가?

풀이 이 문제는 $A=\{x, y\}$에서 중복을 허락하여 3개를 선택하는 조합의 수와 같다. 이 경우 $\{xxx,\ xxy,\ xyy,\ yyy\}$가 되며 이는 네 개의 해의 순서쌍 $\{(3,0),\ (2,1),\ (1,2),\ (0,3)\}$을 의미한다. 따라서 음이 아닌 정수해는 모두 ${}_2H_3=\binom{4}{3}=4$가 된다. ■■■

제8장 연습문제

01. $n = 20, k = 8$일 때 다음을 계산하여라.

$$n! \qquad {}_nP_k \qquad {}_nC_k \qquad {}_n\Pi_k \qquad {}_nP_{k(n-k)} \qquad {}_nH_k$$

(a) 직접 계산하여 구하여라.

(b) SAS 프로그램을 작성하여 구하여라.

02. 단지에 8개의 공이 들어 있다.

(a) 비복원추출로 4개의 공을 선택하는 방법의 수를 구하여라.

(b) 복원추출로 4개의 공을 선택하는 방법의 수를 구하여라.

(c) 복원 없이 연속해서 4번을 시행할 때 2개씩을 뽑을 수 있는 방법은 몇 가지인가?

03. 연습문제 2번에 주어진 문제에 대한 답을 SAS 프로그램을 작성하여 구해보아라.

04. 다음 물음에 답하여라.

(a) 12명의 대학생들 중에서 5명으로 구성되는 집행부는 모두 몇 개 나 만들 수 있는가?

(b) 12명 중 5명은 남학생이고 7명은 여학생일 때 2명의 남학생과 3명의 여학생으로 집행부를 구성할 수 있는 경우의 수는?

(c) 7명의 여학생들 중 2명은 사이가 안 좋아 같이 집행부원이 되기를 거부하는 경우는 모두 몇 가지 방법으로 구성할 수 있는가?

05. 10명의 교육위원들이 원탁에 둘러앉아 회의를 하고자 한다. 모두 몇 가지 방법이 가능한가?

06. 방정식 $x_1 + x_2 + x_3 = 8$에 대하여

(a) 음이 아닌 정수해는 몇 개인가?

(b) 양의 정수해는 몇 개가 존재하는가?

07. 다음 물음에 답하여라.

(a) 정의역에 k개의 원소가 있고 치역은 $\{y_1,\ y_2,\ y_3\}$일 때 가능한 함수의 개수는?

(b) 8개의 깃발을 꽂아 신호를 보내고자 한다. 5개의 붉은색 깃발과 3개의 청색 깃발로 만들어지는 서로 다른 신호의 종류는 몇 가지인가?

제9장

확률

이 장에서는 확률을 다루고자 한다. 확률은 날씨, 지진 등과 같은 상황의 불확실성을 예측하고 주가, 경기 변동에 대한 법칙이나 모형을 개발하고 품질관리, 여론조사 등 통계에 활용할 수 있다. 확률의 기본이 되는 표본공간, 사건, 확률을 먼저 정의하고 제8장에서 다룬 셈 방법을 이용하여 여러 상황에 대한 구체적인 확률을 구해보도록 한다.

9.1 표본공간과 사건

어떤 관찰이나 실험에서 발생할 수 있는 모든 가능한 결과 전체의 집합을 **표본공간**(sample space)이라 하고 S, Ω 등으로 표시한다. 예를 들면, 주사위를 한 번 던져서 윗면에 나오는 수를 관찰하는 실험의 표본공간은 $\Omega = \{1, 2, 3, 4, 5, 6\}$가 된다.

관찰이나 실험의 결과로 일어나는 것을 **사건**(event) 또는 사상이라 하고 통상적으로 대문자 A, B, C, $\cdots$를 사용하여 나타낸다. 따라서 사건은 표본공간 Ω의 부분집합이 된다. 주사위를 한 번 던질 때

"짝수의 눈이 나온다"

는 하나의 사건이 되며 $A = \{2, 4, 6\}$로 표시할 수 있다. 다만,

"2의 눈이 나온다"

는 하나의 사건이 될 수 있지만 더 이상 세분화가 불가능하기 때문에 이런 사건을 단순사건(simple event)이라 부른다.

임의의 사건 A와 B에 대하여 A 또는 B가 일어나는 사건을 A와 B의 **합사건**이라 하고 $A \cup B$로 나타내며, A와 B가 동시에 일어나는 사건을 **곱사건**이라 하고 $A \cap B$로 나타낸다. 사건 A에 대하여 A가 일어나지 않는 사건을 A의 **여사건**(complement)이라 하고 A^c로 나타내고, 아무것도 일어나지 않은 사건을 **공사건**이라 하고 $\varnothing$로 표시한다. 두 사건 A와 B에 공통점이 없는 경우, 즉

$$A \cap B = \varnothing$$

이면 A, B를 **서로 배반**(mutually exclusive event)인 사건이라 부른다.

9.2 확률의 정의

표본공간 S가 유한이고 S의 각 원소가 일어날 가능성이 똑같다면 사건 A의 확률[라플라스(Laplace)의 고전적 정의][1]은 다음과 같이 주어진다.

$$P(A) = \frac{|A|}{|S|}$$

콜모고로프(Kolmogorov)는 S가 무한인 경우를 포함시키고 라플라스의 고전적 정의를 일반화시킨 확률을 다음과 같이 공리적으로 정의하였다.

(1) $0 \leq P(A) \leq 1$

(2) $P(S) = 1$

(3) A_1, A_2가 서로 배반인 사건이면 다음과 같다.

$$P(A_1 \cup A_2) = P(A_1) + P(A_2)$$

예를 들면, 두 개의 주사위를 던졌을 때 윗면에 나오는 두 눈의 합이 6일 확률을 구한다고 하자. 표본공간은

---

1) 확률은 17세기경 노름에서 시작되었다고 한다. 그 당시의 유명한 도박사 드 멜레(C. de Mere)는 도박을 할 때 수학적으로 생각하여 많은 이익을 얻었는데 도박과 관련된 그의 두 가지 문제(수수께끼)는 다음과 같다.
"한 개의 주사위를 n번 던져 6이 적어도 한 번 나오면 이기는 것으로 하는 게임에서는 n을 4 이상으로 할 때 던지는 사람이 유리하다는 것"은 그 당시 많은 사람들이 상식으로 알고 있었다. 그의 첫 번째 문제는 "주사위 두 개를 동시에 n번 던져서 적어도 한 번은 둘다 6의 눈이 나오면 이기는 것으로 하는 게임에서는 n을 얼마로 해야 던지는 사람이 유리한가?"이다. 두 번째 문제는 실력이 비슷한 A, B 두 사람이 32피스톨(옛날의 스페인의 금화)씩을 걸고 내기를 했는데, 한 번을 이기면 1점을 얻는데 먼저 3점을 얻은 사람이 내기에 건 돈 64피스톨을 모두 가지기로 했다. "지금 A가 2점, B가 1점을 딴 시점에서 한 사람이 부득이 시합을 중단하게 되었다면, 64피스톨을 어떻게 분배하는 것이 좋은가?"이다.
드 멜레는 위의 두 문제를 수학자인 파스칼(Pascal, 1623~1662)에게 물었다. 파스칼은 페르마와 서신을 통해 문제를 풀었으며 이를 계기로 도박을 연구하게 되었고, 따라서 확률론에 대한 연구가 시작되었다고 한다.

$$S = \{(1, 1), (1, 2), \cdots, (1, 6), (2, 1), \cdots, (6, 6)\}$$

이며 $|S| = 36$이 되고 "두 눈의 합이 6"을 사건 $A = \{(x, y) : x + y = 6\}$로 나타낼 수 있다. 따라서 $A = \{(1, 5), (2, 4), (3, 3), (4, 2), (5, 1)\}$, $|A| = 5$가 되어 $P(A) = \dfrac{|A|}{|S|} = \dfrac{5}{36}$로 주어진다.

예제 9.1

주머니에 10개의 구슬이 들어 있다. 그 중 7개는 흰 구슬이고 3개는 검은 구슬이다. 주머니에서 복원없이 4개의 구슬을 동시에 꺼내려 한다.

(a) 4개의 구슬이 모두 흰 구슬일 확률은? 동시추출이 아닌 경우의 확률은?

(b) 4개의 구슬 중 2개는 흰 구슬이고 2개는 검은 구슬일 확률은?

풀이 (a) $\dfrac{\binom{7}{4}\binom{3}{0}}{\binom{10}{4}} = \dfrac{1}{6}$, $\left(\dfrac{7}{10}\right)\left(\dfrac{6}{9}\right)\left(\dfrac{5}{8}\right)\left(\dfrac{4}{7}\right) = \dfrac{1}{6}$

(b) $\dfrac{\binom{7}{2}\binom{3}{2}}{\binom{10}{4}} = \dfrac{3}{10}$ ■■■

확률에 대한 성질들은 다음과 같다.

[P1] $P(\varnothing) = 0$

[P2] $P(A^c) = 1 - P(A)$

[P3] $P(A^c \cap B) = P(B) - P(A \cap B)$

[P4] $P(A \cup B) = P(A) + P(B) - P(A \cap B)$

$$\begin{aligned} P(A \cup B \cup C) = & P(A) + P(B) + P(C) \\ & - P(A \cap B) - P(A \cap C) - P(B \cap C) \\ & + P(A \cap B \cap C) \end{aligned}$$

[P5] 사건 $A_1, A_2, \cdots, A_n$에 대하여 $P\left(\bigcup_{i=1}^{n} A_i\right) \le \sum_{i=1}^{n} P(A_i)$이며, 이 사건들이 서로 배반인 사상이면 다음과 같다.

$$P(A_1 \cup A_2 \cup \cdots \cup A_n) = P(A_1) + P(A_2) + \cdots + P(A_n)$$

예제 9.2

10명의 교육위원 $E_1, E_2, \cdots, E_{10}$가 원탁에 둘러앉아 회의를 하고자 한다. E_1과 E_2가 이웃 하지 않을 확률은?

풀이 A를 두 위원 E_1과 E_2가 이웃하는 사건이라고 하자. 위원 E_2를 기준으로 E_1은 E_2의 양쪽에 앉을 수 있다. 한 쪽이 정해지면 다른 위원들은 $8!$방법으로 앉을 수 있다. 따라서 E_1과 E_2가 이웃하지 않을 확률은

$$P(A^c) = 1 - P(A) = 1 - \frac{2 \times 8!}{9!} = \frac{7}{9}$$

이다. ■■■

예제 9.3

한 개의 주사위를 던지는 실험에서 2 또는 3의 배수의 눈이 나올 확률을 구하여라.

풀이 A를 2의 배수가 되는 사건, B를 3의 배수가 되는 사건이라 두자. 그러면 $A = \{2, 4, 6\}$, $B = \{3, 6\}$, $A \cap B = \{6\}$이 된다. 따라서 다음과 같다.

$$\begin{aligned} P(A \cup B) &= P(A) + P(B) - P(A \cap B) \\ &= \frac{3}{6} + \frac{2}{6} - \frac{1}{6} \\ &= \frac{2}{3} \end{aligned}$$

■■■

예제 9.4

어떤 기계가 40개의 부품으로 구성되어 있다. 각 부품의 수명은 5년 안에 고장나지 않을 확률 0.997로 동일하게 주어진다고 한다. 이 기계가 5년 동안 고장 나지 않을 확률은 최소한 얼마인가(여기서 각 부품은 독립이라고 가정하지 않음)?

풀이 A_i를 i번째 부품에서 5년 내에 고장이 일어나는 사건, B를 5년 동안 기계가 고장나지 않을 사건이라 하자.

구하고자 하는 것은 $P(B)=P(A_1^c \cap A_2^c \cap \cdots \cap A_{40}^c)$가 된다. 드 모르간의 법칙과 [P5]를 적용하면

$$\begin{aligned} P(B) &= 1 - P(B^c) \\ &= 1 - P(A_1 \cup A_2 \cup \cdots \cup A_{40}) \\ &\geq 1 - [P(A_1) + P(A_2) + \cdots + P(A_{40})] \\ &= 1 - 40(1 - 0.997) \\ &= 0.88 \end{aligned}$$

이다. ■■■

9.3 조건부 확률

사건 A가 발생하였을 때 사건 B가 일어날 확률을 $P(B|A)$로 나타내고 이를 조건부 확률이라 부르며 다음과 같이 정의한다.

$$P(B|A) = \frac{P(A \cap B)}{P(A)}$$

주목 $P(A \cap B) = P(A)P(B|A)$
$P(A \cap B) = P(B)P(A|B)$

예제 9.5

동전 하나를 두 번 이어서 던지는 실험을 한다. 처음 던진 동전이 앞면(H)이 나왔다면 두 번째 던진 동전이 앞면이 나올 확률을 구하여라.

풀이 동전을 두 번 던지는 경우 $S = \{(H, T), (H, H), (T, H), (T, T)\}$이다.여기서 T는 동전의 뒷면을 의미한다. A를 처음 던진 동전이 H인 사건이라 하고 B를 두 번째 던진 동전이 H인 사건이라 하자. 이 경우 $A = \{(H, H), (H, T)\}$, $B = \{(T, H), (H, H)\}$, $A \cap B = \{(H, H)\}$가 된다. 따라서

$$P(B|A) = \frac{P(A \cap B)}{P(A)} = \frac{1/4}{2/4} = \frac{1}{2}$$

■■■

예제 9.6

주머니 안에 흰 공 3개와 빨간 공 2개가 있다. 하나씩 차례로 2개의 공을 무작위로 추출한다고 하자. 첫 번째 꺼낸 공이 빨간 공이였을 때, 두 번째 공이 빨간 공일 확률을 구하여라.

풀이 A를 첫 번째 꺼낸 공이 빨간 공일 사건, B를 두 번째 꺼낸 공이 빨간 공

일 사건이라 하자. 이 경우

$$P(A)=\frac{2}{5},\ P(A\cap B)=\frac{2}{5}\times\frac{1}{4}=\frac{1}{10},\ P(B)=\frac{1}{4}+\frac{1}{2}=\frac{3}{4}$$

가 된다. 여기서 $\frac{1}{4}$은 첫 번째 꺼낸 공이 빨간색이었을 때이며 $\frac{1}{2}$는 흰색이었을 때이다. 따라서 다음과 같다.

$$P(B|A)=\frac{P(A\cap B)}{P(A)}=\frac{1/10}{2/5}=\frac{1}{4}$$

■■■

사건들이 세 개 이상인 경우 다음이 성립한다.

정리 9.1

$P(A\cap B\cap C)=P(A)P(B|A)P(C|A\cap B)$

$P(A_1\cap A_2\cap A_3\cap A_4)=P(A_1)P(A_2|A_1)P(A_3|A_1\cap A_2)P(A_4|A_1\cap A_2\cap A_3)$

▷ 전체 확률 법칙

A_1, A_2, A_3, $\cdots$, A_n이 표본공간 S의 분할이며 서로 배반 사건들이라 하자. 즉, $S=A_1\cup A_2\cup\cdots\cup A_n$이며 $A_i\cap A_j=\varnothing$, $i\neq j$이다. 만약 B가 임의의 사건이면

$$\begin{aligned}P(B)&=P(S\cap B)=P((A_1\cup A_2\cup\cdots\cup A_n)\cap B)\\&=P((A_1\cap B)\cup(A_2\cap B)\cup\cdots\cup(A_n\cap B))\\&=P(A_1\cap B)+P(A_2\cap B)+\cdots+P(A_n\cap B)\\&=P(A_1)P(B|A_1)+P(A_2)P(B|A_2)+\cdots+P(A_n)P(B|A_n)\\&=\sum_{i=1}^{n}P(B|A_i)P(A_i)\end{aligned}$$

로 쓸 수 있다.

다음 베이즈 정리는 사후확률이라는 조건부 확률 $P(A_i|B)$를 구하는 공식을 제공한다.

정리 9.2 (베이즈 정리)

$A_1, A_2, A_3, \cdots, A_n$이 표본공간 S의 분할이고 B가 임의의 사건이라고 할 때

$$P(A_i|B) = \frac{P(B|A_i)P(A_i)}{P(B|A_1)P(A_1) + P(B|A_2)P(A_2) + \cdots + P(B|A_n)P(A_n)}$$

증명 $P(A_i|B) = \dfrac{P(A_i \cap B)}{P(B)} = \dfrac{P(B \cap A_i)}{P(B)} = \dfrac{P(B|A_i)P(A_i)}{P(B)}$

$$= \frac{P(B|A_i)P(A_i)}{P(B|A_1)P(A_1) + P(B|A_2)P(A_2) + \cdots + P(B|A_n)P(A_n)}$$

주목 $P(B)P(A_i|B) = P(A_i)P(B|A_i)$

■■■

예제 9.7

돼지저금통 A_1에는 100원짜리 동전이 7개, 500원짜리 동전이 5개 들어 있고, 돼지저금통 A_2에는 100원짜리 동전이 3개, 500원짜리 동전이 8개가 들어 있다. 임의로 한 돼지저금통을 택하여 동전 하나를 꺼냈을 때 500원짜리 동전이었다면 그것이 돼지저금통 A_2에서 나왔을 확률을 구하여라.

풀이 A_1을 돼지저금통 A_1이 선택될 사건, A_2를 돼지저금통 A_2가 선택될 사건, B를 500원짜리 동전을 택하는 사건이라 하자. 이 경우 $P(A_1) = P(A_2) = \frac{1}{2}$이고 500원짜리 동전이 돼지저금통 A_1에서 나올 확률과 500원짜리 동전이 돼지저금통 A_2에서 나올 확률은 각각 $P(B|A_1) = \frac{5}{12}$이고 $P(B|A_2) = \frac{8}{11}$이다. 베이즈 정리에 의해서

$$P(A_2|B) = \frac{P(B|A_2)P(A_2)}{P(B|A_1)P(A_1) + P(B|A_2)P(A_2)}$$

$$= \frac{\frac{8}{11} \times \frac{1}{2}}{\frac{5}{12} \times \frac{1}{2} + \frac{8}{11} \times \frac{1}{2}} = \frac{96}{151}$$

이다.

■■■

예제 9.8

어떤 제품을 생산하는 공장에서 세 개의 기계 M_1, M_2, M_3가 전체 제품의 45%, 35%, 20%를 각각 생산한다고 한다. 이 기계들의 생산품에 대한 불량품은 각각 3%, 4%, 2%이다.

(a) 한 생산품을 무작위로 추출할 때 이 생산품이 불량품일 확률을 구하여라.

(b) 불량품이 발견되었을 때 그것이 기계 M_1에서 생산되었을 확률을 구하여라.

풀이 A_i를 기계 M_i에 의해서 제품이 생산되는 사건($i = 1, 2, 3$)이라 하고, B를 추출한 생산품이 불량품일 사건이라 하자.

(a)
$$\begin{aligned} P(B) &= P(A_1 \cap B) + P(A_2 \cap B) + P(A_3 \cap B) \\ &= P(B|A_1)P(A_1) + P(B|A_2)P(A_2) + P(B|A_3)P(A_3) \\ &= (0.03)(0.45) + (0.04)(0.35) + (0.02)(0.2) \\ &= 0.0315 \end{aligned}$$

(b)
$$P(A_1|B) = \frac{P(A_1 \cap B)}{P(B)} = \frac{P(B|A_1)P(A_1)}{P(B)} = \frac{(0.03)(0.45)}{0.0315} = 0.4286$$

■■■

9.4 독립사건

사건 A가 일어날 확률에 사건 B가 어떠한 영향도 미치지 못할 때 또는 사건 B가 일어날 확률에 사건 A가 어떠한 영향도 미치지 못할 때 두 사건은 **서로 독립**(mutually independent)이라고 한다. 즉, 다음이 성립할 때이다.

$$P(A|B) = P(A) \qquad P(B|A) = P(B)$$

따라서 조건부 확률 $P(B|A) = \dfrac{P(A \cap B)}{P(A)}$은 $P(B) = \dfrac{P(A \cap B)}{P(A)}$가 되어 다음의 결과가 주어진다.

▷ 독립사건

두 사건 A, B가 서로 독립이 되기 위한 필요충분조건은

$$P(A \cap B) = P(A)P(B)$$

이다.

주목 A, B가 서로 배반 사건일 때 일반적으로 A, B는 서로 독립사건이라 할 수 없다.

세 사건 A, B, C에 대한 상호 독립의 필요충분조건은 다음과 같다.

(i) $P(A \cap B) = P(A)P(B)$, $P(A \cap C) = P(A)P(C)$, $P(B \cap C) = P(B)P(C)$

(ii) $P(A \cap B \cap C) = P(A)P(B)P(C)$

예제 9.9

한 쌍의 주사위를 던져 나오는 눈을 각각 x와 y라고 할 때 다음 두 사상은 독립인가?

$$A = \{(x,\ y) | x = 2\},\quad B = \{(x,\ y) | x + y = 7\}$$

풀이 $A = \{(2,1), (2,2), (2,3), (2,4), (2,5), (2,6)\}$,

$B = \{(1,6), (2,5), (3,4), (4,3), (5,2), (6,1)\}$

$$P(A)=\frac{6}{36},\ P(B)=\frac{6}{36},\ P(A\cap B)=\frac{1}{36}$$가 되어

$$P(A\cap B)=P(A)P(B)$$

을 만족한다. 따라서 두 사건은 서로 독립이다. ■■■

정리 9.3

두 사건 A, B가 독립이면

(i) A와 B^c,

(ii) A^c와 B,

(iii) A^c와 B^c도 각각 서로 독립이다.

증명 (iii)에 대한 증명만 다룬다.

$$\begin{aligned}P(A^c\cap B^c)&=P((A\cup B)^c)\\&=1-P(A\cup B)\\&=1-P(A)-P(B)+P(A\cap B)\\&=1-P(A)-P(B)+P(A)P(B)\\&=(1-P(A))(1-P(B))\\&=P(A^c)P(B^c)\end{aligned}$$

따라서 A^c와 B^c는 서로 독립이다. ■■■

예제 9.10

어떤 기계가 40개의 부품으로 구성되어 있다. 각 부품의 수명은 5년 안에 고장나지 않을 확률 0.997로 동일하게 주어진다고 한다. 이 기계가 5년 동안 고장나지 않을 확률은 최소한 얼마인가(여기서는 각 부품은 독립이라고 가정)?

풀이 A_i를 i번째 부품에서 5년 내에 고장이 일어나는 사건, B를 5년 동안 기계가 고장나지 않을 사건이라 하자. 구하고자 하는 것은

$$P(B)=P(A_1^c\cap A_2^c\cap\cdots\cap A_{40}^c)$$

가 된다. A_1, A_2, ⋯, A_{40}이 서로 독립이기 때문에 A_1^c, A_2^c, ⋯, A_{40}^c도 서로 독립사건들이 된다.

$$\begin{aligned} P(B) &= P(A_1^c \cap A_2^c \cap \cdots \cap A_{40}^c) \\ &= P(A_1^c)P(A_2^c)\cdots P(A_{40}^c) \\ &= (0.997)^{40} \\ &= 0.8868 \end{aligned}$$

■■■

제9장 연습문제

01. 한 박스 안에 10개의 형광등이 들어 있는데 그 중 3개가 불량품이라고 하자. 불량품 형광등이 최초로 발견될 때 까지 하나씩 끄집어내어서 확인을 하는 실험을 한다고 할 때

(a) 이 실험의 표본공간을 구하여라.

(b) 모든 불량품들이 발견될 때까지 확인을 하는 실험의 표본공간은 어떻게 주어지는가?

02. 26개의 전자제품 중에 7개가 불량품이다. 무작위로 4개의 전자제품을 선택할 때

(a) 4개 모두 정품일 확률은?

(b) 절반이 불량품일 확률은?

03. 두 개의 사건 A, B에 대하여 $P(A)=0.3$, $P(A \cup B)=0.9$, $P(B)=p$라고 하자. 이때

(a) A, B가 서로 배반적 사건이 되기 위해서는 p의 값은 무엇이 되어야 하는가?

(b) A, B가 서로 독립사건이 되기 위해서는 p의 값은 무엇이 되어야 하는가?

04. 1에서 45까지 적힌 45개의 공들이 섞여 있다. 두 공을 복원없이 꺼내고 이 공들의 번호를 X, Y라고 하면 $X+Y=45$가 될 확률을 구하여라.

05. 두 개의 반도체칩을 담은 박스 A와 B가 있다. 박스 A에는 20개의 금색, 30개의 은색 반도체칩이 들어 있다. 박스 B에는 30개의 금색, 20개의 은색 반도체칩이 들어있다. 임의로 한 박스를 선택하여 반도체칩 1개를 꺼냈을 때 은색이 나왔다면 그것이 박스 B에서 나왔을 확률을 구하여라.

06. 한 전자회사는 홈시어터(home theater)의 네 가지 요소인 LCD 텔레비전, DVD 플레이어, 엠프, 스피커를 생산한다. 요소들은 각각 독립적으로 생산된다고 가정하자. 생산할 때 LCD 텔레비전은 0.7%, DVD 플레이어는 0.4%, 엠프는 1%, 스피커는 0.6% 정도 불량품이 나온다고 한다. 만약 하나의 홈시어터가 한 개의 LCD 텔레비전, 한 개의 DVD 플레이어, 한 개의 엠프, 두 개의 스피커로 구성된

다면 전축세트가 불량품이 아닐 확률을 구하여라.

07. 어느 대학에서 40%가 여성이고 그 중 10%가 O형의 혈액형을 가졌다. 그 대학에서 무작위로 한 명을 뽑았을 때 O형을 가진 여성일 확률을 구하여라.

08. 세 개의 주머니 A, B, C에 노란색 공이 각각 4, 3, 6개 들어 있고, 흰색 공이 각각 8, 7, 5개 들어 있다.

(a) 임의의 주머니에서 하나의 공을 꺼낼 때 꺼낸 공이 노란 공일 확률은?

(b) 꺼낸 하나의 공이 노란 공이었을 때 이 공이 주머니 B에서 나왔을 확률은?

09. 주소와 내용이 다른 편지봉투 5개와 편지지 5장이 있다. 만약 임의로 편지를 봉투에 넣는다면 적어도 한 편지가 올바른 편지봉투에 들어갈 확률은?

제10장

기대값, 분산 및 적률

수집한 자료나 실험결과가 수치로 나타나지 않은 경우 표본공간의 각 원소에 실수값을 갖는 함수를 정의하여 정성적인 결과를 정량적인 결과로 변환하여 다루면 편리하다. 이 장에서는 표본공간에서 1차원 공간으로 사상하는 함수, 소위 확률변수를 정의하고 확률변수에 대한 기대값, 분산, 표준편차 등의 정의와 의미에 대해서 학습한다. 나아가 적률을 정의하고 적률과 밀접한 관련이 있는 왜도와 첨도에 대해서 살펴본다.

10.1 확률변수

확률변수(random variable) X는 표본공간의 원소에 실수값을 대응시켜 주는 함수이다. 즉, $X: S \to R$이며, $s \in S$일 때 $X(s) = x$로 나타낸다. 확률변수 X가 취할 수 있는 값이 이산(discrete)적이면 X를 이산확률변수, 연속적이면 연속확률변수라 부른다.

이산의 경우에 각 x_i가 일어날 확률을 $P(X = x_i)$ 또는 p_i 또는 $f(x_i)$로 나타낸다.

X	x_1	x_2	$\cdots$	x_n	$\cdots$
$P(X = x_i)$	p_1	p_2	$\cdots$	p_n	$\cdots$

위의 표와 같이 확률변수의 각 값들에 확률을 대응시켜주는 관계를 X의 **확률분포**(probability distribution)라고 하며, 이런 표를 확률분포표라 한다.

예를 들면, 한 쌍의 주사위를 던지는 실험에서의 표본공간은 아래와 같다.

$$S = \{(1, 1), (1, 2), \cdots, (1, 6), (2, 1), \cdots, (6, 6)\}$$

각 원소 (i, j)에 대하여 $X((i, j)) = i + j$라고 정의하면 X는 2에서 12 사이의 정수값을 가지며(2와 12를 포함하여) 확률변수가 된다. 이 확률변수의 확률분포표는 다음과 같이 작성된다.

X	2	3	4	5	6	7	8	9	10	11	12
$P(X=x_i)$ 또는 $f(x_i)$	$\frac{1}{36}$	$\frac{2}{36}$	$\frac{3}{36}$	$\frac{4}{36}$	$\frac{5}{36}$	$\frac{6}{36}$	$\frac{5}{36}$	$\frac{4}{36}$	$\frac{3}{36}$	$\frac{2}{36}$	$\frac{1}{36}$

▷ 이산확률변수

이산확률변수의 경우 X는 유한 또는 무한개의 값을 가진다.

$$X=\{x_1,\ x_2,\ \cdots,\ x_n\} \text{ 또는 } X=\{x_1,\ x_2,\ x_3,\ \cdots\}$$

이산확률변수의 경우 함수 $f(x_i)=P(X=x_i)$를 **확률질량함수**(probability mass function)라 부르며 이 확률함수는 다음과 같은 성질을 가진다.

(i) $f(x_i)\geq 0,\ \ \sum_{i=1}^{\infty} f(x_i)=1$

(ii) $P(a\leq X\leq b)=\sum_{a\leq x_i\leq b} f(x_i)$

특히 확률을 계산하는데 많이 쓰이는 함수

$$F(x)=P(X\leq x)=\sum_{x_i\leq x} f(x_i)$$

를 **누적분포함수**(cumulative distribution function)라 부른다. 누적분포함수(또는 분포함수)는 다음 성질을 가진다.

(i) $F(\infty)=1$

(ii) $P(a<X\leq b)=F(b)-F(a)$

예제 10.1

세 개의 100원짜리 동전을 동시에 던지는 실험을 한다. X를 세 개의 동전에서 "앞면이 나온 수"라고 했을 때, X의 확률분포표를 작성하고 $P(X>1)$을 구하여라.

풀이 $S=\{HHH,\ HHT,\ HTH,\ THH,\ HTT,\ THT,\ TTH,\ TTT\}$이기 때문에

$X=\{0, 1, 2, 3\}$로 주어진다. 따라서 확률분포표는 다음과 같고

X	0	1	2	3
$f(x_i)$	$\frac{1}{8}$	$\frac{3}{8}$	$\frac{3}{8}$	$\frac{1}{8}$

$P(X>1)=f(2)+f(3)=\frac{3}{8}+\frac{1}{8}=\frac{1}{2}$이다. ■■■

예제 10.2

새로 개발된 칩을 전자제품 슬릿에 끼우는데 반응이 있으면 '+' 반응이 없으면 '-'로 표시한다. 칩은 무수히 많다고 가정하고 실험은 반응이 일어날 때까지 시행한다. 만약 반응이 일어날 확률은 $\frac{3}{4}$, 일어나지 않을 확률은 $\frac{1}{4}$이라고 하고 X를 "반응이 일어났을 때 칩을 슬릿에 끼운 수"라고 하면

(a) 이 실험의 표본공간 S는 무엇인가?

(b) $P(X=4)=f(4)$은 얼마인가?

(c) X의 확률분포표를 구하여라.

(d) f를 확률함수라고 할 수 있는가?

풀이 (a) $S=\{+, -+, --+, ---+, \cdots\}$

(b) $P(X=4)=f(4)=\left(\frac{1}{4}\right)^3\left(\frac{3}{4}\right)$

(c) $X=\{1, 2, 3, 4, \cdots\}$로 주어진다. 따라서 확률분포표는 다음과 같다.

X	1	2	3	4	$\cdots$
$f(x_i)$	$\frac{3}{4}$	$\left(\frac{1}{4}\right)\left(\frac{3}{4}\right)$	$\left(\frac{1}{4}\right)^2\left(\frac{3}{4}\right)$	$\left(\frac{1}{4}\right)^3\left(\frac{3}{4}\right)$	$\cdots$

(d) $f(x_i)\ge 0$이고

$$\begin{aligned}\sum_{i=1}^{\infty} f(x_i) &= \frac{3}{4}+\left(\frac{1}{4}\right)\left(\frac{3}{4}\right)\left(\frac{1}{4}\right)^2\left(\frac{3}{4}\right)+\cdots \\ &= \frac{3}{4}\left(1+\frac{1}{4}+\frac{1}{16}+\cdots\right) \\ &= \frac{3}{4}\left(\frac{1}{1-1/4}\right)=1\end{aligned}$$

이기 때문에 f는 확률함수이다. ■■■

▷ 연속확률변수

연속확률변수의 경우 X의 값은 실수 전체 또는 구간과 관련된다. 함수 $f(x)=P(X=x)$를 **확률밀도함수**(probability density function)라 부르며 이 확률함수는 다음과 같은 성질을 가진다.

(i) $f(x) \geq 0,\ \int_{-\infty}^{\infty} f(x)dx = 1$

(ii) $P(a \leq X \leq b) = \int_{a}^{b} f(x)dx$

연속변수인 경우에 함수 $F(x)=P(X \leq x)=\int_{-\infty}^{x} f(t)dt$를 **누적분포함수**라 부른다. 누적분포함수(또는 분포함수)는 다음 성질을 가진다.

(i) $F(\infty)=1$

(ii) $P(a < X \leq b) = F(b)-F(a) = \int_{a}^{b} f(t)dt$

(iii) $F'(x) = f(x)$

주목 연속확률함수인 경우 끝점의 포함여부는 중요하지 않다. 따라서 $P(a < X \leq b) = P(a \leq X \leq b)$라 할 수 있다.

예제 10.3

X는 함수 $f(x)=\begin{cases} cx, & 0 \leq x \leq 2 \\ 0, & x<0 \text{ 또는 } x>2 \end{cases}$를 확률함수로 갖는 연속확률변수라 하자. 이때 상수 c를 구하고 $P(0 \leq X \leq 1)$을 구하여라.

풀이 $1 = \int_{-\infty}^{\infty} f(x)dx = \int_{-\infty}^{\infty} cx\,dx = \int_{0}^{2} cx\,dx = 2c$

따라서 $c=\frac{1}{2}$가 되며 $P(0 \leq X \leq 1) = \int_{0}^{1} \frac{1}{2}x\,dx = \frac{1}{4}$이다. ■■■

10.2 확률변수의 기대값과 분산

기대값(expected value)과 분산(variance)은 확률분포의 특성인 분포의 중심위치와 분포의 중심위치로부터 흩어진 정도를 각각 알려준다. 기대값은 기호 $E(X)$로, 분산은 $V(X)$로 표시한다.

▷ 기대값

이산확률변수의 기대값: $E(X) = \sum_{x_i : f(x_i) \geq 0} x_i f(x_i)$

연속확률변수의 기대값: $E(X) = \int_{-\infty}^{\infty} x f(x) dx$

예를 들면, 한 학기에 퀴즈를 네 번 보았다고 할 때 점수 80, 90, 70, 100에 대한 평균을 다음과 같이 계산한다.

$$\frac{80 + 90 + 70 + 100}{4} = 85$$

이것은 각 점수가 일어날 확률이 똑같기 때문에 아래의 확률변수 X에 대한 기대값과 동일하다.

X	80	90	70	100
$f(x_i)$	$\frac{1}{4}$	$\frac{1}{4}$	$\frac{1}{4}$	$\frac{1}{4}$

$$E(X) = 80\frac{1}{4} + 90\frac{1}{4} + 70\frac{1}{4} + 100\frac{1}{4} = 85$$

예제 10.4

어떤 사람이 로또 복권 한 장을 1000원 주고 구입하였다. 당첨금과 당첨확률에 대한 자료가 다음과 같다. 한 장의 복권에 대한 상금을 X라 할 때 확률변수 X에 대한 기대값을 구하여라. 그리고 이 기대값은 무엇을 의미하는가?

	1등	2등	3등	4등	5등
상금: X	150,000만 원	6,500만 원	350만 원	6만 원	0.5만 원
확률: $f(x_i)$	$\frac{1}{8145060}$	$\frac{1}{1357510}$	$\frac{1}{32724}$	$\frac{1}{772}$	$\frac{1}{50}$

풀이 $E(X) = \sum_{i=1}^{5} x_i f(x_i)$

$$= 150000\frac{1}{8145060} + 6500\frac{1}{1357510} + 350\frac{1}{32724} + 6\frac{1}{772} + 0.5\frac{1}{50}$$

$$= 0.0517 \text{ (만 원)}$$

즉 X에 대한 기대값은 517원이다. ■■■

예제 10.5

변수 X를 석탄 속에 함유되어 있는 재의 퍼센트(%)라 하고 $f(x)$를 다음과 같이 정의할 때

$$f(x) = \frac{1}{4875}x^2, \qquad 10 \le x \le 25$$

(a) $f(x)$는 확률밀도함수인가?

(b) $E(X)$를 구하여라.

풀이 (a) 모든 x에 대하여 $f(x) \ge 0$이며

$$\int_{-\infty}^{\infty} f(x)dx = \int_{-\infty}^{\infty} \frac{1}{4875}x^2\,dx = \frac{1}{4875}\int_{10}^{25} x^2 dx = 1$$

따라서 $f(x)$는 확률밀도함수이다.

(b) $E(X) = \int_{-\infty}^{\infty} xf(x)dx = \frac{1}{4875}\int_{10}^{25} x^3 dx = 19.52\%$ ■■■

기대값의 성질은 다음과 같다.

(1) $E(aX+b) = aE(X)+b$

(2) $E(X^n) = \begin{cases} \displaystyle\sum_{x_i,\, f(x_i) \ge 0} x_i^n f(x_i), & X\text{가 이산확률변수일 때} \\ \displaystyle\int_{-\infty}^{\infty} x^n f(x)dx, & X\text{가 연속확률변수일 때} \end{cases}$

일반적으로

$$E(g(X)) = \begin{cases} \displaystyle\sum_{x_i,\, f(x_i) \ge 0} g(x_i)f(x_i), & X\text{가 이산확률변수일 때} \\ \displaystyle\int_{-\infty}^{\infty} g(x)f(x)dx, & X\text{가 연속확률변수일 때} \end{cases}$$

예제 10.6

$n=2$일 경우 위의 마지막 성질에서

$$E(X^2) = \sum x_i^2 f(x_i),\ X\text{가 이산인 경우}$$

로 주어진다. 다음 자료로부터 $E(X^2)$을 구하여라.

X	80	90	70	100
$f(x_i)$	$\frac{1}{4}$	$\frac{1}{4}$	$\frac{1}{4}$	$\frac{1}{4}$

풀이

X	80	90	70	100
X^2	6400	8100	4900	10000
$f(x_i)$	$\frac{1}{4}$	$\frac{1}{4}$	$\frac{1}{4}$	$\frac{1}{4}$

따라서 $E(X^2) = 6400\frac{1}{4} + 8100\frac{1}{4} + 4900\frac{1}{4} + 10000\frac{1}{4} = 7350$이다. ■■■

▷ 분산

분산은 확률분포가 평균으로부터 어느 정도 산포되어 있는지를 나타내는 하나의 척도이며 다음과 같이 정의된다.

$$V(X) = E[(X-\mu)^2]$$

여기서 $\mu = E(X)$이다. 분산을 계산할 때 다음 식을 주로 사용한다.

$$\begin{aligned} V(X) &= E[(X-\mu)^2] \\ &= E[X^2 - 2XE(X) + E^2(X)] \\ &= E(X^2) - 2E(X)E(X) + E^2(X) \\ &= E(X^2) - E^2(X) \end{aligned}$$

X가 유한개의 값을 갖는 이산확률변수이고 각 x_i가 일어날 확률이 똑같다면 분산을 다음과 같이 나타낼 수 있다.

$$V(X) = E[(X-\mu)^2] = \frac{1}{n}\sum_{i=1}^{n}(x_i - \mu)^2$$

▷ 표준편차

표준편차(standard deviation)는 분산의 양의 제곱근으로 다음과 같이 정의한다.

$$\sigma(X) = \sqrt{V(X)}$$

표준편차 역시 분산과 더불어 확률분포가 평균으로부터 어느 정도 산포되어 있는지를 나타내는 하나의 척도이다. 분산에 제곱근을 취함으로써 표준편차의 단위가 확률변수 X의 단위와 같아진다.

예제 10.7

다음 자료에서 분산 $V(X)$와 표준편차 $\sigma(X)$를 구하여라.

X	80	90	70	100
X^2	6400	8100	4900	10000
$f(x_i)$	$\frac{1}{4}$	$\frac{1}{4}$	$\frac{1}{4}$	$\frac{1}{4}$

풀이 $E(X) = 85$, $E(X^2) = 7350$이다. 따라서

$$V(X) = E(X^2) - E^2(X) = 7350 - 85^2 = 125$$

또는

$$V(X) = \frac{1}{4}[(80-85)^2 + (90-85)^2 + (70-85)^2 + (100-85)^2] = 125$$

$$\sigma(X) = \sqrt{125} = 11.18$$

이다. ■■■

예제 10.8

확률변수 X의 확률밀도함수가 아래와 같이 주어졌다. $V(X)$와 $\sigma(X)$를 구하여라.

$$f(x) = \begin{cases} 1+x, & -1 \le x \le 0 \\ 1-x, & 0 \le x \le 1 \end{cases}$$

풀이 $E(X) = \int_{-1}^{0} x(1+x)dx + \int_{0}^{1} x(1-x)dx = 0$

$$E(X^2) = \int_{-1}^{0} x^2(1+x)dx + \int_{0}^{1} x^2(1-x)dx = \frac{1}{6}$$

따라서 $V(X) = \frac{1}{6}$, $\sigma(X) = \sqrt{1/6} = 0.408$이다. ■■■

분산의 성질은 다음과 같다.

(1) $V(X) \ge 0$

(2) $V(X) = 0 \Leftrightarrow X$는 상수

(3) $V(aX+b) = a^2 V(X)$

예제 10.9

63명이 치른 확률통계과목의 중간고사 점수는 다음과 같다. 이 자료에 대한 평균, 분산, 표준편차를 SAS 프로그램으로 작성하고 실행하여라.

```
23 22 30 20 22  3  9 30 26  4  4 19 18 30 34 26 19 19 20 36
32  4  7 12 19 23 20 27 13  8 14 22  5 33 24 21  9  5 12 29
23 13 14  1 27 13 24  6 29 21 15 18 21 14 30  7  9 34 26 15
12  7 22
```

풀이 프러시저 means를 사용하여 다음과 같이 작성할 수 있다.

```
title 'Computation of mean, variation and standard
deviation';
data prog10_1;
input midterm @@;
cards;
23 22 30 20 22 3 9 30 26 4 4 19 18 30 34 26 19 19 20 36
32 4 7 12 19 23 20 27 13 8 14 22 5 33 24 21 9 5 12 29
23 13 14 1 27 13 24 6 29 21 15 18 21 14 30 7 9 34 26 15
12 7 22
run;
proc means n mean var std;
var midterm;
run;
```

실행결과

```
Computation of mean, variation and standard deviation

                 The MEANS Procedure

                 분석 변수 : midterm

      N          평균값          분산         표준편차
    ----------------------------------------------------
     63       18.3174603    84.1233999    9.1718809
    ----------------------------------------------------
```

■■■

10.3 적률생성함수

앞절에서 자료 분포의 중심이 되는 평균, 분포의 흩어짐을 나타내는 분산에 대하여 알아보았다. 이 절에서는 자료의 대칭이나 비대칭성을 나타내는 측도인 왜도(skewness)와 분포곡선 정점의 뾰족한 정도를 나타내는 첨도(kurtosis)를 적률(moment)을 통해서 소개하고자 한다. **적률**은 피어슨(K. Pearson)이 통계학에 처음 도입하였다.

먼저 원점에 관한 적률생성함수와 평균에 관한 적률생성함수를 정의하고자 한다.

- **원점에 관한 적률생성함수:**

$$M_X(t) = E(e^{tX}) = \begin{cases} \sum_{i=1}^{\infty} e^{tx_i} f(x_i), & \text{이산형} \\ \int_{-\infty}^{\infty} e^{tx} f(x)dx, & \text{연속형} \end{cases}$$

- **평균에 관한 적률생성함수:**

$$M_{X-\mu}(t) = E(e^{t(X-\mu)}) = \begin{cases} \sum_{i=1}^{\infty} e^{t(x_i-\mu)} f(x_i), & \text{이산형} \\ \int_{-\infty}^{\infty} e^{t(x-\mu)} f(x)dx, & \text{연속형} \end{cases}$$

위를 t에 대하여 r번 미분하면 다음과 같이 r차 적률생성함수들이 생성된다.

- **원점에 관한 r차 적률생성함수:**

$$M_X^{(r)}(t) = \begin{cases} \sum_{i=1}^{\infty} x_i^r e^{tx_i} f(x_i), & \text{이산형} \\ \int_{-\infty}^{\infty} x^r e^{tx} f(x)dx, & \text{연속형} \end{cases}$$

- **평균에 관한 r차 적률생성함수:**

$$M_{X-\mu}^{(r)}(t) = \begin{cases} \sum_{i=1}^{\infty} (x_i-\mu)^r e^{t(x_i-\mu)} f(x_i), & \text{이산형} \\ \int_{-\infty}^{\infty} (x-\mu)^r e^{t(x-\mu)} f(x)dx, & \text{연속형} \end{cases}$$

원점에 대한 r차 적률과 평균에 관한 r차 적률은 $t=0$으로 둠으로써 다음과 같이 정의한다.

- **원점에 대한 r차 적률:**

$$M_X^{(r)}(0)=\begin{cases}\sum_{i=1}^{\infty} x_i^r f(x_i), & \text{이산형}\\ \int_{-\infty}^{\infty} x^r f(x)dx, & \text{연속형}\end{cases}$$

- **평균에 관한 r차 적률:**

$$M_{X-\mu}^{(r)}(0)=\begin{cases}\sum_{i=1}^{\infty} (x_i-\mu)^r f(x_i), & \text{이산형}\\ \int_{-\infty}^{\infty} (x-\mu)^r f(x)dx, & \text{연속형}\end{cases}$$

예를 들어, 원점에 대한 1차 적률

$$M_X^{'}(0)=\begin{cases}\sum_{i=1}^{\infty} x_i f(x_i), & \text{이산형}\\ \int_{-\infty}^{\infty} x f(x)dx, & \text{연속형}\end{cases}$$

은 X에 대한 기대값 $E(X)$을 의미하며, 원점에 대한 2차 적률

$$M_X^{''}(0)=\begin{cases}\sum_{i=1}^{\infty} x_i^2 f(x_i), & \text{이산형}\\ \int_{-\infty}^{\infty} x^2 f(x)dx, & \text{연속형}\end{cases}$$

은 $E(X^2)$을 뜻한다. 평균에 대한 1차 적률 $M_{X-\mu}{}'(0)=E[(X-\mu)]=0$가 되며 평균에 대한 2차 적률 $M_{X-\mu}{}''(0)$은 분산 $E[(X-\mu)^2]$이 된다.

주어진 n개의 자료 $x_1, x_2, \cdots, x_n$에 대하여 각 x_i가 일어날 확률이 똑같다면 $f(x_i)=1/n$이 된다. 따라서 자료 $x_1, x_2, \cdots, x_n$에 대한 기댓값 $E(X)$은 $\frac{1}{n}\sum_{i=1}^{n} x_i$가 되며 분산 $E[(X-\mu)^2]$은 $\frac{1}{n}\sum_{i=1}^{n}(x_i-\mu)^2$ [실제로 계산할 때는 불편추정량을 고려하

여 $\frac{1}{n-1}\sum_{i=1}^{n}(x_i-\mu)^2$ 를 사용]가 된다.

왜도는 주어진 자료의 분포의 기울어진 방향과 그 정도를 나타내는데 α로 표시하며 다음과 같이 정의한다.

• **왜도:**

$$\alpha = \frac{1}{n}\sum_{i=1}^{n}\frac{(x_i-\mu)^3}{s^3} = \frac{E[(X-\mu)^3]}{E[(X-\mu)^2]^{3/2}}$$

여기서 μ와 s는 자료 $x_1, x_2, \cdots, x_n$에 대한 평균과 표준편차이다. 분포와 관련한 왜도의 성질은 다음과 같이 요약된다.

• **왜도의 성질:**

(1) $\alpha = 0$이면 자료의 분포는 대칭을 이룬다.
(2) $\alpha > 0$이면 긴 꼬리가 오른쪽으로 치우쳐진 비대칭분포를 가진다.
(3) $\alpha < 0$이면 긴 꼬리가 왼쪽으로 치우쳐진 비대칭분포를 가진다.
(4) $|\alpha|$의 값이 크면 비대칭성도 커진다.

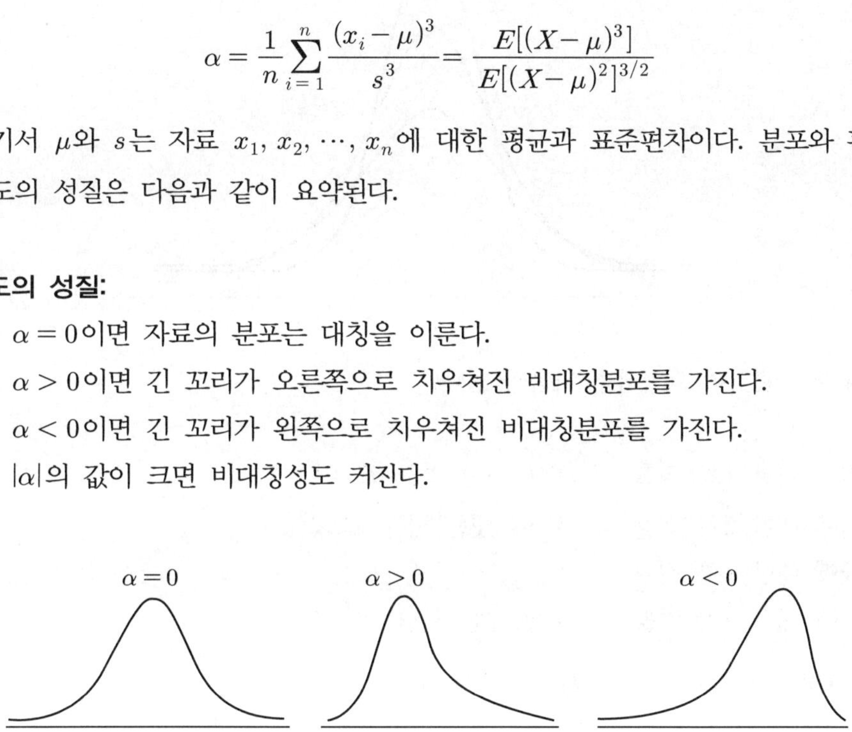

첨도는 분포곡선 정점의 뾰족한 정도를 나타내는데 β로 표시하며 다음과 같이 정의한다.

• **첨도:**

$$\beta = \frac{1}{n}\sum_{i=1}^{n}\frac{(x_i-\mu)^4}{s^4} = \frac{E((X-\mu)^4)}{E((X-\mu)^2)^2}$$

분포와 관련한 첨도의 성질은 다음과 같이 요약된다.

- **첨도의 성질:**

  (1) $\beta = 3$이면 분포곡선이 정규분포(종 모양)와 흡사하다.

  (2) $\beta > 3$이면 정규분포보다 정점이 높고 뾰족한 모양을 갖는다.

  (3) $\beta < 3$이면 정규분포보다 정점이 낮고 퍼진 모양을 갖는다.

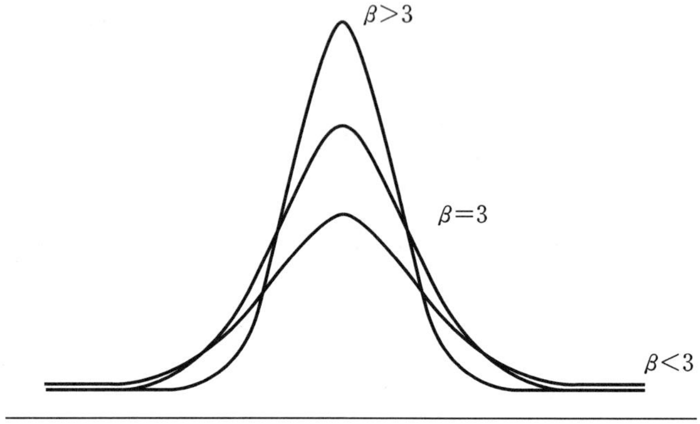

적률과 관련하여 요약하면 다음과 같다.

원점에 대한 1차 적률 $\Rightarrow$ X에 대한 평균 $E(X)$

원점에 대한 2차 적률 $\Rightarrow$ X^2에 대한 평균 $E(X^2)$

평균에 대한 1차 적률 $\Rightarrow$ 0

평균에 대한 2차 적률 $\Rightarrow$ X에 대한 분산 $V(X)$

$\frac{1}{s^3}$ (평균에 대한 3차 적률) $\Rightarrow$ 왜도 α

$\frac{1}{s^4}$ (평균에 대한 4차 적률) $\Rightarrow$ 첨도 β

예제 10.10

X가 다음 확률함수를 갖는 변수일 때,

$$f(x) = 2x, \quad 0 \le x \le 1$$

(a) $M_X(t)$를 구하여라.

(b) $M_X(t)$를 사용하여 $E(X)$, $V(X)$를 구하여라.

풀이 (a) $M_X(t) = E(e^{tX}) = \int_{-\infty}^{\infty} e^{tx} f(x) dx = \int_0^1 e^{tx} 2x dx$

$$= 2\left(\frac{1}{t}e^t - \frac{1}{t}\int_0^1 e^{tx} dx\right)$$

$$= \frac{2}{t^2}(e^t(t-1)+1)$$

(b) $E(X) = M_X(0) = \int_0^1 x2x\, dx = \frac{2}{3}$

$$V(X) = M_{X-\mu}^2(0) = \int_0^1 \left(x - \frac{2}{3}\right)^2 2x\, dx = \frac{1}{18}$$

■■■

예제 10.11

다음 자료에 대하여 왜도와 첨도를 직접 계산하여 구하고, SAS 프로그램을 작성하고 실행하여 그 결과를 비교하여라.

X	1	3	4	4
$f(x_i)$	$\frac{1}{4}$	$\frac{1}{4}$	$\frac{1}{4}$	$\frac{1}{4}$

풀이 $E(X) = M_X'(0) = \frac{1}{4}(1+3+4+4) = 3.0$

$$V(X) = M_{X-\mu}''(0) = E[(X-\mu)^2]$$

$$= \frac{(1-3)^2 + (3-3)^2 + (4-3)^2 + (4-3)^2}{3} = 2.0$$

$$s = \sqrt{V(X)} = \sqrt{2} = 1.4142$$

$$E[(X-\mu)^3] = \frac{(1-3)^3 + (3-3)^3 + (4-3)^3 + (4-3)^3}{3} = -2$$

$$E[(X-\mu)^4] = \frac{(1-3)^4 + (3-3)^4 + (4-3)^4 + (4-3)^4}{3} = 6$$

따라서

$$\alpha = \frac{E[(X-\mu)^3]}{s^3} = \frac{-2}{1.4142^3} = -0.7071$$

$$\beta = \frac{E[(X-\mu)^4]}{s^4} = \frac{6}{(1.4142)^4} = 1.5$$

이다.

SAS 프로그램에는 프러시저 Univariate을 사용한다.

```
title 'Univariate';
data prog10_2;
input x @@;
cards;
1 3 4 4
run;
proc univariate;
var x;
run;
```

실행결과

```
                    Univariate

              UNIVARIATE 프러시저

                    변수: x

                      적률

N                   4    가중합                 4
평균                3    관측치 합             12
표준편차   1.41421356    분산                   2
왜도       -1.4142136    첨도                 1.5
제곱합             42    수정 제곱합            6
변동계수   47.1404521    평균의 표준오차 0.70710678
```

```
                    기본 통계 측도

          위치측도                      변이측도

  평균          3.000000       표준편차         1.41421
  중간값        3.500000       분산             2.00000
  최빈값        4.000000       범위             3.00000
                               사분위 범위      2.00000

                 위치모수 검정: Mu0=0

    검정         -----통계량-----     -----p-값-----

 스튜던트의 t     t      4.242641   Pr >  |t| 0.0240
 부호             M             2   Pr >= |M| 0.1250
 부호 순위        S             5   Pr >= |S| 0.1250

                   분위수(정의 5)

                 분위수         추정값

               100% 최대값        4.0
                99%               4.0
                95%               4.0
                90%               4.0
                75% Q3            4.0
                50% 중위수        3.5
                25% Q1            2.0
                10%               1.0
                 5%               1.0
                 1%               1.0
                 0% 최소값        1.0

                      극 관측치

      ----- 작은 값부터 -----  ----- 큰 값부터 -----

          값        관측치        값        관측치
          1           1           1           1
          3           2           3           2
          4           4           4           3
          4           3           4           4
```

주목 SAS 프로그램의 Univariate 함수에 의해서 계산되는 왜도 값은 실제 값에 2를 곱한 값이다.

■■■

제10장 연습문제

01. 주사위 한 개를 윗면에 짝수가 처음 나타날 때까지 반복해서 던지는 실험을 한다. X를 "처음 짝수가 나타날 때까지 던진 횟수"라고 하자.

(a) X의 확률분포표를 구하여라.

(b) X가 홀수일 확률을 구하여라.

02. 다음은 어떤 계층의 연 평균 수입과 지출에 관한 자료이다.
자료들을 읽어 들이고 수입과 지출 각각에 대한 평균, 분산, 표준편차를 구하여라.

	수입(만 원)	지출(만 원)
가족 1	4500	4800
가족 2	3700	3500
가족 3	5200	5500
가족 4	2900	2300
가족 5	4100	3900

(a) 직접 계산하여 구하여라.

(b) SAS 프로그램을 작성하여 구하여라.

03. 예제 10.3에 주어진 함수

$$f(x) = \begin{cases} cx, & 0 \le x \le 2 \\ 0, & x < 0 \text{ 또는 } x > 2 \end{cases}$$

가 확률변수 X에 대한 확률함수일 때 X의 기대값, 분산, 표준편차를 구하여라.

04. 다음을 증명하여라(C는 상수임).

(a) $V(X) = 0 \Leftrightarrow X$는 상수

(b) $V(X + C) = V(C)$

(c) $V(CX) = C^2 V(X)$

05. 확률변수 X의 확률밀도함수가 다음과 같을 때

$$f(x)=\begin{cases}1+x, & -1\le x\le 0\\ 1-x, & 0\le x\le 1\end{cases}$$

(a) 기대값 $E(X)$를 구하여라.

(b) 표준편차 $\sigma(X)$를 구하여라.

06. 다음 자료에 대하여

X	1	1	2	4
$f(x_i)$	$\frac{1}{4}$	$\frac{1}{4}$	$\frac{1}{4}$	$\frac{1}{4}$

(a) 왜도와 첨도를 직접 계산하여 구하여라.

(b) SAS 프로그램을 작성하고 실행하여 이론적 결과와 비교하여라.

07. 평균에 대한 1차 적률의 값이 0이 됨을 보여라.

08. 확률변수 X의 적률생성함수가 $M_X(t)=\dfrac{3}{3-t}$일 때 X의 표준편차를 구하여라.

09. 예제 10.9에 주어진 자료에 대하여 SAS 프로그램을 작성하여 왜도와 첨도의 값을 구하여라.

```
23 22 30 20 22  3  9 30 26  4  4 19 18 30 34 26 19 19 20 36
32  4  7 12 19 23 20 27 13  8 14 22  5 33 24 21  9  5 12 29
23 13 14  1 27 13 24  6 29 21 15 18 21 14 30  7  9 34 26 15
12  7 22
```

제11장

확률분포

제10장에서 확률변수의 각 값에 확률을 대응시켜주는 관계를 확률분포라 하였다. 이 장에서는 일상생활 속에 일어나는 다양한 종류의 확률분포를 소개하고자 한다. 확률분포는 확률변수가 취하는 값에 따라 크게 이산확률분포와 연속확률분포로 구분된다. 이산확률분포에는 베르누이분포, 이항분포, 기하분포, 포아송분포 등이 있으며, 연속확률분포에는 균등분포, 지수분포, 정규분포 등이 있다.

11.1 이산확률분포

▷ 베르누이분포

한 시행(실험)에서 두 가지의 가능한 결과(성공 또는 실패) 중 하나만 일어나는 경우 이에 대한 확률분포를 베르누이분포(Bernoulli distribution)라 한다. 확률함수는 다음과 같이 정의한다.

$$P(X=x)=f(x)=p^x(1-p)^{1-x},\ \ x=0,1$$

여기서 $x=0$는 실패를 의미하며 $f(0)=1-p=q$가 되며, $x=1$은 성공을 뜻하며 $f(1)=p$가 된다. 따라서 베르누이분포표는 다음과 같다.

X	0	1
$f(x)$	$1-p$	p

$E(X^2)=0^2(1-p)+1^2p=p$ 그리고 $V(X)=E(X^2)-E(X)^2=p(1-p)$이기 때문에 기대값과 분산은 아래와 같다.

• **베르누이분포의 기대값과 분산:**

$$E(X)=p,\ \ V(X)=p(1-p)$$

▷ 이항분포

베르누이 실험을 n번 반복하여 시행할 때 성공의 횟수 X에 대한 확률분포를 이항분포(binomial distribution)라고 한다. 이항분포는 $B(n,\ p)$로 나타내며 x번 성공한 횟수에 대한 확률은 다음과 같이 주어진다.

$$P(X=x)=f(x)=\binom{n}{x}p^x(1-p)^{n-x},\quad x=0,\,1,\,\cdots,\,n$$

예를 들면, $n=5,\ x=0,\ p=\dfrac{1}{2}$일 때

$$P(X=0)=f(0)=\binom{5}{0}0.5^0(1-0.5)^{5-0}=0.5^5=0.03125$$

이고 $n=5, x=2, p=\dfrac{1}{4}$일 때

$$P(X=2)=f(2)=\binom{5}{2}0.25^2(1-0.25)^{5-2}=(10)(0.25^2)(0.75)^3=0.2637$$

가 된다.

예제 11.1

이항분포에 대하여 기댓값 $E(X)$와 분산 $V(X)$를 구하여라.

풀이

$$\begin{aligned}E(X)&=\sum_{x=0}^{n}x\binom{n}{x}p^x(1-p)^{n-x}\\&=\sum_{x=1}^{n}\frac{xn!}{x!(n-x)!}p^x(1-p)^{n-x}\\&=\sum_{x=1}^{n}\frac{n(n-1)!}{(x-1)!(n-x)!}pp^{x-1}(1-p)^{n-x}\\&=np\sum_{x=1}^{n}\frac{(n-1)!}{(x-1)!(n-x)!}p^{x-1}(1-p)^{n-x}\\&=np\sum_{i=0}^{n-1}\frac{(n-1)!}{i!(n-1-i)!}p^i(1-p)^{n-1-i}\\&=np\sum_{i=0}^{n-1}\binom{n-1}{i}p^i(1-p)^{n-1-i}\\&=np[p+(1-p)]^{n-1}\\&=np\end{aligned}$$

위의 과정에서 $i=x-1$로 변수변환을 하였다.

분산 $V(X)=E(X^2)-E^2(X)$을 구할 때는 다음 식을 활용한다.

$$E[X(X-1)]=E(X^2)-E(X)$$

$$\begin{aligned}
E[X(X-1)] &= \sum_{x=0}^{n} x(x-1)f(x) \\
&= \sum_{x=2}^{n} x(x-1)\binom{n}{x} p^x (1-p)^{n-x} \\
&= \sum_{x=2}^{n} x(x-1)\frac{n!}{x!(n-x)!} p^x (1-p)^{n-x} \\
&= n(n-1)p^2 \sum_{x=2}^{n} \frac{(n-2)!}{(x-2)!(n-x)!} p^{x-2} (1-p)^{n-x} \\
&= n(n-1)p^2 \sum_{y=0}^{n-2} \frac{(n-2)!}{y!(n-2-y)!} p^{y} (1-p)^{n-2-y} \\
&= n(n-1)p^2 [p+(1-p)]^{n-2} \\
&= n^2p^2 - np^2
\end{aligned}$$

이제 $E(X^2)=E[X(X-1)]+E(X)=n^2p^2-np^2+np$이기 때문에

$$\begin{aligned}
V(X) &= E(X^2)-E^2(X) \\
&= n^2p^2-np^2+np-(np)^2 \\
&= np(1-p)
\end{aligned}$$

이다. ■■■

이항분포의 기대값과 분산을 정리하면 다음과 같다.

- **이항분포의 기대값과 분산:**

$$E(X)=np \quad V(X)=np(1-p)$$

주목 $n \geq 20, np < 5$인 경우 포아송분포 이용, $np \geq 5$인 경우 정규분포 이용.

예제 11.2

확률과 통계과목의 중간고사에서 사지선다를 하는 10개의 객관식 문제가 출제되었다.

한 학생이 임의로 이 문항들에 답한다면

(a) 1개 이하 맞출 확률은?

(b) 정확하게 5개가 정답일 확률은?

(c) 적어도 7개가 정답일 확률은 얼마인가?

풀이 $n=10,\ p=1/4,\ B(10, 0.25)$가 된다.

(a) $P(X \le 1) = \binom{10}{0}0.25^0(1-0.25)^{10-0} + \binom{10}{1}0.25^1(1-0.25)^{10-1}$

$= 0.24403$

(b) $P(X=5) = f(5) = \binom{10}{5}0.25^5(1-0.25)^{10-5} = 0.05840$

(c) $P(X \ge 7) = \sum_{x=7}^{10}\binom{10}{x}0.25^x(1-0.25)^{10-x} = 0.00351$ ■■■

이항확률변수 X의 분포함수 $F(x) = P(X \le x)$에 대한 SAS 함수의 일반 형식은 다음과 같다.

```
probbnml(p, n, x)
```

아래는 예제 11.2에 주어진 문제를 SAS 프로그램으로 작성하고 실행한 결과이다.

```
title 'Use of Probbnml';
data prog11_1;
p_a = probbnml(0.25, 10, 1);
p_b = probbnml(0.25, 10, 5) - probbnml(0.25, 10, 4);
p_c = 1 - probbnml(0.25, 10, 6);
run;
proc print;
run;
```

실행결과

```
                Use of Probbnml

     Obs       p_a         p_b          p_c

      1      0.24403    0.058399    .003505707
```

▷ 기하분포

기하분포(geometric distribution)는 베르누이 실험을 반복적으로 시행하다가 $(n-1)$ 번까지 실패하고 n번째 시행이 성공하는 경우를 다룬다. 확률변수 X를 첫 번째 성공이 나올 때까지 시행횟수라고 정의하면 X의 확률함수는 다음과 같이 주어진다.

$$P(X=n)=p(1-p)^{n-1},\quad n=1,\ 2,\ 3,\ \cdots$$

- **기하분포의 기대값과 분산:**

$$E(X)=\frac{1}{p},\quad V(X)=\frac{1-p}{p^2}$$

예제 11.3

궁수가 활을 쏠 때마다 목표물에 명중할 확률이 $\frac{9}{10}$라고 하자. 다섯 번째일 때 목표물에 명중할 확률을 구하여라.

풀이 $n=5,\ p=\frac{9}{10}$이다. 따라서

$$P(X=5)=p(1-p)^{n-1}=\frac{9}{10}\left(1-\frac{9}{10}\right)^4=0.5905$$

이다. ■■■

▷ 초기하분포

n개의 원소를 갖는 모집단에서 속성 B를 가진 집단의 원소의 개수를 b라고 하면 속성을 갖지 않는 집단의 원소의 개수는 $n-b$가 된다. 모집단에서 k개의 표본을 비복원추출할 때 속성 B를 가진 집단의 원소의 개수 X의 확률분포를 초기하분포(hypergeometric distribution)라 한다. 확률함수는 다음과 같다.

$$P(X=x)=\frac{\binom{b}{x}\binom{n-b}{k-x}}{\binom{n}{k}}$$

• **초기하분포의 기대값과 분산:**

$$E(X) = kp, \quad \text{단 } p = \frac{b}{n} \quad V(X) = kp(1-p)\frac{n-k}{n-1}$$

초기하확률변수 X의 분포함수 $F(x) = P(X \le x)$에 대한 SAS 함수의 일반 형식은 아래와 같다.

```
probhypr(n, b, k, x)
```

예제 11.4

주머니에 10개의 구슬이 들어 있다. 그 중 7개는 흰 구슬이고 3개는 검은 구슬이다. 주머니에서 복원없이 4개의 구슬을 동시에 끄집어 내려한다. 4개의 구슬 중 2개는 흰 구슬일 확률을 SAS 프로그램으로 구해보아라.

풀이 X를 흰 구슬의 개수라 하면 이 문제는 초기하분포로 다룰 수 있다. $n=10$, $b=7$, $k=4$, $x=2$로 두면 SAS 프로그램은 다음과 같다.

```
title 'Use of probhypr';
data prog11_2;
p = probhypr(10,7,4,2) - probhypr(10,7,4,1);
run;
proc print;
run;
```

실행결과

```
          Use of Probbnml
         Obs            p
          1            0.3
```

■■■

▷ 포아송분포

n이 매우 크고 p가 작은 경우에 계산하기 어려운 이항분포 대신 포아송분포(Poisson distribution)를 근사적으로 사용할 수 있다. 포아송분포는 공장에서 생산되는 상품이 불량품일 확률이나 일정한 시간 내에 걸려오는 전화의 수에 대한 확률 등에 적용할 수 있다. X를 불량품의 개수 또는 일정시간 내에 일어나는 횟수라 하면 X의 확률함수는 다음과 같이 유도된다.

n이 크고$(n\to\infty)$ p가 작은 경우의 이항분포 $B(n,\ p)$에서 $\lambda=np$(즉, $p=\lambda/n$)로 둔다. 여기서 λ는 포아송분포에서 불량품의 평균 개수 또는 걸려오는 전화의 평균수를 의미한다. 그러면 $n\to\infty$일 때

$$\begin{aligned}P(X=x)&=\binom{n}{x}p^x(1-p)^{n-x}\\&=\frac{n!}{x!(n-x)!}\left(\frac{\lambda}{n}\right)^x\left(1-\frac{\lambda}{n}\right)^{n-x}\\&=\frac{n(n-1)\cdots(n-x+1)}{n^x}\frac{\lambda^x}{x!}\frac{\left(1-\frac{\lambda}{n}\right)^n}{\left(1-\frac{\lambda}{n}\right)^x}\to e^{-\lambda}\frac{\lambda^x}{x!}\end{aligned}$$

따라서 포아송분포의 확률함수는 다음과 같이 나타낼 수 있다.

$$P(X=x)=e^{-\lambda}\frac{\lambda^x}{x!},\quad x=0,\ 1,\ 2,\ 3,\ \cdots$$

주목 $n\to\infty$일 때 $\frac{n(n-1)\cdots(n-x+1)}{n^x}\to 1$, $\left(1-\frac{\lambda}{n}\right)^x\to 1$이고 $\lim_{n\to\infty}\left(1+\frac{1}{n}\right)^n=e$이기 때문에 $\left(1-\frac{\lambda}{n}\right)^n=\left(1+\frac{1}{n/(-\lambda)}\right)^{\left(\frac{n}{-\lambda}\right)(-\lambda)}\to e^{-\lambda}$이다.

예제 11.5

포아송분포에 대하여 기대값 $E(X)$를 구하여라.

풀이 $$E(X)=\sum_{x=0}^{\infty}x\frac{e^{-\lambda}\lambda^x}{x!}$$

$$
\begin{aligned}
&= \sum_{x=1}^{\infty} x \frac{e^{-\lambda}\lambda^{x}}{x!} \\
&= \sum_{x=1}^{\infty} \frac{e^{-\lambda}\lambda\lambda^{x-1}}{(x-1)!} \\
&= \lambda e^{-\lambda} \sum_{x=1}^{\infty} \frac{\lambda^{x-1}}{(x-1)!} \\
&= \lambda e^{-\lambda} \sum_{x=0}^{\infty} \frac{\lambda^{x}}{x!} \\
&= \lambda e^{-\lambda} e^{\lambda} \\
&= \lambda
\end{aligned}
$$

주목 $\sum_{n=0}^{\infty} \frac{x^n}{n!} = e^x$ 이다.

■■■

• **포아송분포의 기대값과 분산:**

$$E(X) = \lambda \quad V(X) = \lambda$$

포아송확률변수 X의 분포함수 $F(x) = P(X \le x)$에 대한 SAS 함수의 일반 형식은 다음과 같다.

```
poisson(λ, x)
```

예제 11.6

어떤 학생이 워드 프로세스를 사용할 때 페이지당 평균 7자의 오타가 생긴다고 한다. 한 문서를 작성할 때 각 페이지에 발생하는 오타의 수가 포아송분포를 따른다면 어느 한 페이지에 3자의 오타가 있을 확률을 구하여라.

풀이 문서의 각 페이지에 있는 오타의 수를 X라고 하자. 평균 $\lambda = 7$이기 때문에

$$P(X=3) = \frac{e^{-7}7^3}{3!} = 0.052129$$

이다.

SAS 프로그램은 다음과 같이 작성할 수 있다.

```
title 'Use of poisson';
data prog11_3;
p = poisson(7,3) - poisson(7,2);
run;
proc print;
run;
```

실행결과

```
                 Use of poisson

                 Obs           p

                   1    0.052129
```

■■■

11.2 연속확률분포

▷ 균등분포

어떤 구간 내에서 일어날 확률이 일정한 경우에 균등분포의 확률밀도함수는 다음과 같이 정의한다.

$$f(x) = \begin{cases} \dfrac{1}{b-a}, & a \le x \le b \\ 0, & \text{그 외} \end{cases}$$

균등분포의 기대값과 분산은 다음과 같이 정리된다.

• **균등분포의 기대값과 분산:**

$$E(X) = \frac{a+b}{2} \quad V(X) = \frac{(b-a)^2}{12}$$

예제 11.7

아침 출근 시간에는 새벽 6시부터 버스가 10분 간격으로 어느 정류장에 도착한다. 한 승객은 6시와 6시 20분 사이에 정류장에 도착한다. 정류장에 도착하는 시간이 균등분포를 따른다고 할 때 다음을 구하여라.

(a) 4분 이하 기다릴 확률

(b) 승객이 기다리는 평균시간

풀이 X를 승객이 정류장에서 버스를 기다리는 시간이라 하자. 4분 이하를 기다린다는 것은 승객이 6분~10분, 16분~20분 사이에 정류장에 도착해야한다. 따라서

(a) $P(6 \le X \le 10) + P(16 \le X \le 20)$

$$= \int_{6}^{10} \frac{1}{20-0} dx + \int_{16}^{20} \frac{1}{20-0} dx = \frac{2}{5}$$

(b) $E(X) = \displaystyle\int_{0}^{20} x \frac{1}{20-0} dx = 10$ ■■■

▷ 지수분포

지수분포는 어떤 특정한 사건이 일어날 때까지의 시간에 대한 분포를 알고자 할 때 사용된다. 지수분포의 확률밀도함수는 다음과 같이 정의한다.

$$f(t) = \begin{cases} \lambda e^{-\lambda t}, & t \geq 0 \\ 0, & t < 0 \end{cases}$$

여기서 $\lambda > 0$는 단위(시간)당 평균 발생하는 횟수이다. 확률분포함수 $F(x)$는 다음과 같이 주어진다.

$$F(x) = P(X \leq x) = \int_0^x \lambda e^{-\lambda t} dt = 1 - e^{-\lambda x}$$

- **지수분포의 기대값과 분산:**

$$E(X) = \frac{1}{\lambda}, \quad V(X) = \frac{1}{\lambda^2}$$

예제 11.8

토요일 오전 9시부터 한 가전제품 회사의 서비스 센터에서는 시간당 평균 20건의 수리요청 전화를 받는다고 한다. 지금 시간이 오전 10시라고 할 때 10분 이내로 첫 번째 전화가 걸려올 확률은 무엇인가?

풀이 X를 지금부터 최초의 전화가 걸려오는 시간(단위는 시간)이라 하자. $\lambda = 20$이기 때문에

$$P(0 \leq X \leq 1/6) = \int_0^{1/6} 20e^{-20t} dt = 1 - e^{-10/3} = 0.964$$

이다. ■■■

▷ 정규분포

수학자 가우스(Carl Gauss)에 의해서 유도된 정규분포(normal distribution)는 평균 μ와 표준편차 σ에 의해 결정되며 다음과 같은 확률밀도함수를 가진다.

$$f(x) = \frac{1}{\sqrt{2\pi}\,\sigma} e^{-\frac{(x-\mu)^2}{2\sigma^2}}$$

정규분포의 기대값과 분산은 아래와 같이 주어진다.

• **정규분포의 기대값과 분산:**

$$E(X) = \mu \quad V(X) = \sigma^2$$

아래의 그림은 평균이 5이며 표준편차가 각각 6과 12인 종 모양을 갖는 정규분포곡선을 보여준다. 표준편차가 12인 경우 6인 경우보다 곡선이 평균으로부터 좌우로 더욱 분산되어 있음을 알 수 있다.

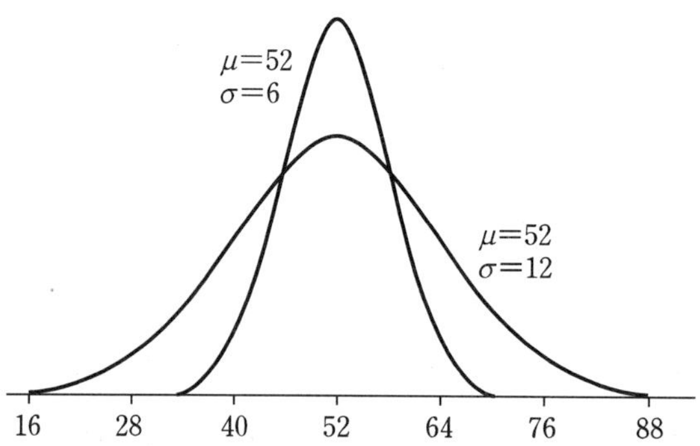

정규분포는 실제의 실험이나 또는 현상과 관련해서 많이 나타나며, 다른 복잡하고 다루기 어려운 확률분포 대신 근사분포로 사용된다. 예를 들면, 이항분포 $B(n,\ p)$에서 $n,\ p$가 커서 $np > 5$, $n(1-p) = nq > 5$가 되면 이항분포 대신 정규분포를 사용하여 근사값을 구할 수 있다. 이항분포의 기댓값은 np이고 분산은 $np(1-p) = npq$이기 때문에 $B(n,\ p) \sim N(np,\ npq)$라고 쓸 수 있다.

다음 일련의 정리들은 X가 평균이 μ이고 표준편차가 σ일 때 $Z = \frac{X-\mu}{\sigma}$는 평균이 0이고 표준편차가 1인 표준정규분포(standard normal distribution)를 따른다는 것을 보여준다.

정리 11.1 .

X가 연속확률변수이고 $f(x)$는 X의 확률분포함수라고 하자. $y=H(x)$가 항상 증가 또는 감소일 때 확률변수 $Y=H(X)$의 확률분포함수는 다음과 같이 주어진다.

$$g(y)=f(x)\left|\frac{dx}{dy}\right|$$

정리 11.2

X가 $N(\mu,\ \sigma^2)$의 분포를 가지고 $Y=aX+b$이면 Y의 분포는 $N(a\mu+b,\ a^2\sigma^2)$로 주어진다.

증명 $f(x)=\dfrac{1}{\sqrt{2\pi}\,\sigma}e^{-\frac{(x-\mu)^2}{2\sigma^2}}$이고 $\left|\dfrac{dx}{dy}\right|=\left|\dfrac{1}{a}\right|$이다. 정리 11.1에 의하여

$$\begin{aligned} g(y) &= f(x)\left|\frac{dx}{dy}\right| \\ &= \frac{1}{\sqrt{2\pi}\,\sigma}e^{-\frac{1}{2\sigma^2}\left(\frac{y-b}{a}-\mu\right)^2}\left|\frac{1}{a}\right| \\ &= \frac{1}{\sqrt{2\pi}\,\sigma|a|}e^{-\frac{1}{2\sigma^2a^2}[y-(a\mu+b)]^2} \end{aligned}$$

이다. 따라서 Y의 분포는 $N(a\mu+b,\ a^2\sigma^2)$로 주어진다. ■■■

따름정리 11.3

X가 $N(\mu,\ \sigma^2)$의 분포를 가지고 $Z=(X-\mu)/\sigma$이면 Z의 분포는 $N(0,\ 1)$이 된다.

확률변수 X가 평균이 μ이고 표준편차가 σ인 정규분포를 따를 때 이를 $X\sim N(\mu,\ \sigma^2)$로 나타내고, Z가 평균이 0이고 표준편차가 1인 표준정규분포를 따를 때 이를 $Z\sim N(0,\ 1)$로 표기한다.

	정규분포	표준정규분포
확률변수	X	$Z = \frac{X-\mu}{\sigma}$
표시법	$X \sim N(\mu, \sigma^2)$	$Z \sim N(0, 1)$

표준정규분포표는 부록에 있다. 예를 들면, 표준정규분포표로부터 다음을 구할 수 있다.

- $P[Z \leq 1.03] = 0.8485$

- $$\begin{aligned} P[Z > 2.54] &= 1 - P[Z \leq 2.54] \\ &= 1 - 0.9945 \\ &= 0.0055 \end{aligned}$$

- $$\begin{aligned} P[Z < -1.25] &= 1 - P[Z < 1.25] \\ &= 1 - 0.8944 \\ &= 0.1056 \end{aligned}$$

- $$\begin{aligned} P[0.55 < Z \leq 1.88] &= P[Z \leq 1.88] - P[Z < 0.55] \\ &= 0.9699 - 0.7088 \\ &= 0.2611 \end{aligned}$$

아래는 정규확률변수 X의 분포함수 $F(z) = P(Z \leq z)$에 대한 SAS 프로그램의 일반형식이다.

```
probnorm(z)
```

예제 11.9

어느 전자회사의 제품에 대한 수명조사를 해보니 제품들의 평균수명은 2000시간이고 표준편차는 200시간이며 정규분포를 따른다고 한다. 임의로 한 제품을 선택하였을 때 이 제품의 수명이 2000시간과 2400시간 사이에 존재할 확률을 구하여라.

풀이 X를 제품의 수명이라 두면

$$\begin{aligned} P(2000 < X < 2400) &= P\left(\frac{2000-2000}{200} < \frac{X-\mu}{\sigma} < \frac{2400-2000}{200}\right) \\ &= P(0 < Z < 2) \\ &= P(Z < 2) - P(Z < 0) \quad \text{:부록 참조} \\ &= 0.9772 - 0.5 \\ &= 0.4772 \end{aligned}$$

이다.

SAS 프로그램은 다음과 같다.

```
title 'Use of normal';
data prog11_4;
p = probnorm(2) - probnorm(0);
run;
proc print;
run;
```

실행결과

```
                Use of poisson
            Obs                p

             1             0.47725
```

예제 11.10

모대학의 어떤 특별전형에 대하여 입시생의 65%가 찬성한다고 한다. 1000명의 입시생을 임의로 선택하여 찬반을 물을 때 625명 이상이 찬성할 확률을 구하여라.

풀이 이항분포 $B(1000, 0.65)$를 따르기 때문에 다음을 계산해야 한다.

$$P(X \geq 625) = \sum_{i=625}^{1000} \binom{1000}{i} (0.65)^i (0.35)^{1000-i}$$

대신에 정규분포를 사용한다.

$$\mu = np = (1000)(0.65) = 650,\ \sigma^2 = npq = (1000)(0.65)(0.35) = 227.5$$

그리고

$$B(1000, 0.65) \sim N(650, 227.5)$$

이므로

$$\begin{aligned} P(X \geq 625) &= P\left(\frac{X-650}{\sqrt{227.5}} \geq \frac{625-650}{\sqrt{227.5}}\right) \\ &= P(Z \geq -1.6575) \\ &= P(Z \leq 1.6575) \quad \text{: 부록 참조} \\ &= 0.95 \end{aligned}$$

이다.

SAS 프로그램은 다음과 같다.

```
title 'Use of normal2';
data prog11_5;
p1 = probbnml(0.65, 1000, 1000) - probbnml(0.65,
1000, 625);
p2 = 1 - probnorm(-1.6575);
run;
proc print;
run;
```

실행결과

```
                Use of normal2

        Obs          p1          p2

         1       0.94730     0.95129
```

■■■

위의 문제들을 다루기 위하여 부록에 있는 표준정규분포표를 참조하였다. 이런 표들은 SAS 프로그램을 작성하여 만들 수 있으며, 표준정규분포표를 직접 생성하는 SAS 프로그램은 부록 4에 작성되어 있다.

제11장 연습문제

01. 네 쌍둥이가 탄생될 확률이 0.0005이라 할 때 1000명의 신생아 중에서 적어도 다섯 번 이상 네 쌍둥이가 될 확률을 구하여라.

02. 기하분포에 대하여 다음을 보여라.

(a) $\sum_{n=1}^{\infty} P(X=n) = 1$

(b) $F(x) = 1-(1-p)^x,\ x = 0, 1, 2, \cdots$

03. 포아송분포에 대하여

(a) $\sum_{x=0}^{\infty} P(X=x) = \sum_{x=0}^{\infty} e^{-\lambda}\frac{\lambda^x}{x!} = 1$ 임을 보여라.

(b) 포아송분포의 분산을 구하여라.

04. 균등분포의 기대값과 분산을 구하여라.

05. 어느 공장에서 생산된 물품의 2%가 불량품이라면 1000개의 물품 중 5개가 불량품일 확률을 포아송분포로 근사시켜라.

06. 학생이 200명인 어느 교양과목에서 중간고사를 치렀다. 그 결과 평균이 70점, 표준편차가 10점이 나왔다. 시험점수가 정규분포를 따른다고 할 때 성적이 60점 미만인 학생의 수를 구하여라.

07. 다음 물음에 답하여라.

(a) $P(-z \le Z \le z) = 0.99$일 때 z의 값을 구하여라.

(b) X가 $N(3, 4)$의 분포를 가질 때 다음을 만족하는 c를 구하여라.

$$P(X > c) = 2P(X \le c)$$

08. 전구 수명을 나타내는 확률변수 X가 지수분포를 따르며 기대값 $E(X) = 1500$시간이라고 한다. 이때 전구 수명 X가 600시간 이내일 확률을 구하여라.

09. 경험에 의하면 어느 백화점에 한 시간 동안 평균 10건의 상품주문전화가 걸려온다고 한다.

(a) 임의로 선택한 시간에서부터 15분 이내에 첫 번째 전화가 걸려올 확률은 무엇인가?

(b) 어떤 한 시간 동안 한 건의 전화도 걸려오지 않을 확률은?

10. 어떤 공장에서 생산된 물품의 4%가 불량품이라면 200개의 물품 중 6개가 불량품일 확률을 구하고자 한다.

(a) 이항분포와 포아송분포로 구하여라.

(b) 위의 (a)의 결과를 얻기 위한 SAS 프로그램을 작성하여라.

11. 어느 방송국의 연속극 시청률이 20%이였다. 프로그램을 새로 편성한 후에 100명의 시청자를 임의로 뽑아 연속극의 시청여부를 질문하였다. 시청률이 전과 동일하다고 가정할 때 100명 중 15명 이하가 시청할 확률을 구하고자 한다.

(a) 이항분포와 정규분포로 구하여라.

(b) 위의 (a)의 결과를 얻기 위한 SAS 프로그램을 작성하여라.

제12장

결합확률분포

두 개 이상의 확률변수가 동시에 취하는 값들에 확률을 대응시켜주는 관계를 **결합확률분포**(joint probability distribution)라 한다. 이 장에서는 두 확률변수 X, Y에 대한 결합확률함수를 정의하고 이들에 대한 기대값과 독립성에 대하여 살펴본다.

12.1 결합확률분포

두 확률변수 X, Y의 값 (x, y)에 대한 확률을 $P(X=x,\ Y=y)$ 또는 $f(x, y)$로 나타낸다. X, Y에 대한 값과 이에 대응하는 확률 $f(x, y)$를 표로 작성하여 나타낸 것을 결합확률분포표라 한다. 예를 들어, 핸드폰 사용시 발생하는 두 종류의 결함을 연구하는 실험에서 X와 Y를 각각 불량접속(불통)의 수와 결함부품의 수라 하고 이들이 일어날 확률이 표 12.1과 같다면, 표 12.1은 두 확률변수 X, Y에 대한 결합확률분포표가 된다.

표 12.1

X \ Y	0	1	2	3
0	0.77	0.04	0.02	0.01
1	0.05	0.03	0.01	0.02
2	0.02	0.01	0.01	0.01

위의 표에서 불량접속의 수 1개와 결함부품의 수 1개가 관측될 확률은 0.03임을 의미한다. 즉, $P(X=1,\ Y=1)=f(1,1)=0.03$이다.

두 이산확률변수 X, Y에 대하여 다음을 만족하면 $f(x_i,\ y_j)$를 **결합확률질량함수**(joint probability mass function)라 부른다.

(1) $f(x_i, y_j) \geq 0, \quad \forall\ (x_i, y_i)$

(2) $\sum_{i=1}^{\infty}\sum_{j=1}^{\infty} f(x_i, y_j) = 1$

두 변수의 **결합확률**은 다음과 같이 정의하며

$$P(a < X \leq b,\, c < Y \leq d) = \sum_{a < x_i \leq b} \sum_{c < y_j \leq d} f(x_i, y_j)$$

주변확률질량함수는 아래과 같이 정의한다.

$$f_X(x_i) = \sum_{j=1}^{\infty} f(x_i, y_j)$$

$$f_Y(y_j) = \sum_{i=1}^{\infty} f(x_i, y_j)$$

두 연속확률변수 X, Y에 대하여 다음을 만족하면 $f(x, y)$를 **결합확률밀도함수**(joint probability density function)라 부른다.

(1) $f(x,\ y) \geq 0,\ \ \forall\ (x,\ y) \in R^2$

(2) $\iint_{R^2} f(x,\ y) dA = 1$ (즉, $\int_{-\infty}^{\infty} \int_{-\infty}^{\infty} f(x,\ y)\, dx\ dy = 1$)

두 변수의 결합확률은 다음과 같이 정의하며

$$P(a < X \leq b,\, c < Y \leq d) = \int_a^b \int_c^d f(x,\ y)\, dx\ dy$$

주변확률밀도함수는 아래와 같이 정의한다.

$$f_X(x) = \int_{-\infty}^{\infty} f(x,\ y)\, dy$$

$$f_Y(y) = \int_{-\infty}^{\infty} f(x,\ y)\, dx$$

예제 12.1

표 12.1에 대하여 다음을 구하여라.

(a) $\sum_{i=1}^{\infty} \sum_{j=1}^{\infty} f(x_i,\ y_j)$

(b) $P(X=2,\ Y=3) = f(2,\ 3)$

(c) $f_X(2)$

(d) $f_Y(3)$

(e) $P(0 \le X < 2,\ 1 \le Y \le 2)$

풀이 (a) $\sum_{i=1}^{\infty}\sum_{j=1}^{\infty} f(x_i, y_j) = 0.77 + 0.04 + \cdots + 0.01 + 0.05 + \cdots + 0.01 = 1$

(b) $P(X=2,\ Y=3) = f(2,\ 3) = 0.01$

(c) $f_X(2) = 0.02 + 0.01 + 0.01 + 0.01 = 0.05$

(d) $f_Y(3) = 0.01 + 0.02 + 0.01 = 0.04$

(e) $P(0 \le X < 2,\ 1 \le Y \le 2) = 0.04 + 0.02 + 0.03 + 0.01 = 0.10$ ■■■

예제 12.2

$f(x, y) = \begin{cases} x^2 + \dfrac{xy}{3}, & 0 \le x \le 1,\ 0 \le y \le 2 \\ 0, & \text{그 외} \end{cases}$ 일 때 다음을 구하여라.

(a) $\int_{-\infty}^{\infty}\int_{-\infty}^{\infty} f(x,\ y)\,dy\,dx$

(b) $f_X(x)$

(c) $P(X+Y<1)$

풀이 (a)
$$\int_{-\infty}^{\infty}\int_{-\infty}^{\infty} f(x,\ y)\,dy\,dx = \int_0^1\int_0^2\left(x^2 + \frac{xy}{3}\right)dy\,dx = \int_0^1\left(2x^2 + \frac{2}{3}x\right)dx = 1$$

(b)
$$f_X(x) = \int_{-\infty}^{\infty} f(x,\ y)\,dy = \int_0^2\left(x^2 + \frac{xy}{3}\right)dy = 2x^2 + \frac{2}{3}x$$

(c)
$$P(X+Y<1) = \int_0^1\int_0^{1-x}\left(x^2 + \frac{xy}{3}\right)dy\,dx = \int_0^1\left[x^2(1-x) + \frac{x(1-x)^2}{6}\right]dx = \frac{7}{72}$$
■■■

12.2 두 확률변수의 독립성

모든 x_i와 y_i에 대하여 $P(X=x_i, Y=y_i)=P(X=x_i)P(Y=y_i)$이면 두 사상 $X=x_i$와 $Y=y_i$는 서로 관련이 없다. 따라서 두 확률변수가 서로 독립이 되기 위한 필요충분조건은 다음과 같다.

- X, Y **가 이산확률변수인 경우:**

$$f(x_i,\ y_i)=f_X(x_i)f_Y(y_i),\ \ \forall\,(x_i, y_j)$$

- X, Y **가 연속확률변수인 경우:**

$$f(x,\ y)=f_X(x)f_Y(y),\ \ \forall\,(x, y)$$

예제 12.3

표 12.1에 있는 자료

X \ Y	0	1	2	3
0	0.77	0.04	0.02	0.01
1	0.05	0.03	0.01	0.02
2	0.02	0.01	0.01	0.01

에 대하여 X, Y는 서로 독립변수들인가?

풀이 $f(0,0)=0.77,\ f_X(0)=0.84,\ f_Y(0)=0.84$이다. $f(0,0)\neq f_X(0)f_Y(0)$이기 때문에 X, Y는 서로 독립변수들이 아니다. ■■■

예제 12.4

X, Y가 연속확률변수로서 다음과 같은 확률밀도함수를 가질 때

$$f(x, y) = \begin{cases} e^{-(x+y)}, & x,\ y > 0 \\ 0, & \text{그 외} \end{cases}$$

X, Y는 서로독립인가?

풀이 $f_X(x) = \int_0^\infty e^{-(x+y)}\,dy = e^{-x}\int_0^\infty e^{-y}\,dy = e^{-x}$이고 유사하게

$f_Y(y) = e^{-y}$가 된다.

$$f(x,\ y) = e^{-(x+y)} = e^{-x}e^{-y} = f_X(x)f_Y(y),\ \ \forall\,(x,\ y)$$

이기 때문에 X, Y는 서로 독립이다. ■■■

12.3 두 확률변수의 기대값

X, Y가 결합확률함수 $f(x_i, y_j)$을 갖는 이산확률변수일 때 함수 $g(x_i, y_j)$에 대한 기대값은 다음과 같이 주어진다.

$$E[g(x_i,\ y_i)] = \sum_{i=1}^{\infty}\sum_{j=1}^{\infty} g(x_i,\ y_j) f(x_i,\ y_j)$$

X, Y가 결합확률함수 $f(x,\ y)$을 갖는 연속확률변수일 때는 함수 $g(x,\ y)$에 대한 기대값은 아래와 같다.

$$E[g(x,\ y)] = \iint g(x,\ y) f(x,\ y)\, dA$$

예제 12.5

표 12.1(또는 예제 12.3)에 있는 자료에 대하여 XY의 기대값, $E(XY)$을 구하여라 [이 경우 $g(x,\ y) = xy$가 됨].

풀이

$$\begin{aligned} E(XY) &= \sum_{i=0}^{2}\sum_{j=0}^{3} x_i y_j f(x_i,\ y_j) \\ &= (0)(0)0.77 + (0)(1)0.04 + (0)(2)0.02 + (0)(3)0.01 \\ &\quad + (1)(0)0.05 + (1)(1)0.03 + (1)(2)0.01 + (1)(3)0.02 \\ &\quad + (2)(0)0.02 + (2)(1)0.01 + (2)(2)0.01 + (2)(3)0.01 \\ &= 0.23 \end{aligned}$$

■■■

예제 12.6

$f(x,\ y) = \begin{cases} x^2 + \dfrac{xy}{3}, & 0 \le x \le 1,\ 0 \le y \le 2 \\ 0, & \text{그 외} \end{cases}$ 일 때 $E(XY)$를 구하여라.

풀이

$$E(XY) = \int_{-\infty}^{\infty}\int_{-\infty}^{\infty} xyf(x, y)\,dy\,dx$$
$$= \int_0^1\int_0^2 xy\left(x^2 + \frac{xy}{3}\right)dy\,dx$$
$$= \int_0^1\left(2x^3 + \frac{8x^2}{9}\right)dx$$
$$= \frac{35}{54}$$

■■■

두 결합 확률변수에 대하여 $g(x, y) = x$ 또는 $g(x, y) = y$일 때 $E[g(x, y)] = E(X)$ 또는 $E[g(x, y)] = E(Y)$는 주변확률함수에 의하여 다음과 같이 주어진다.

- **X, Y가 이산확률변수인 경우:**

$$E(X) = \sum_{i=1}^{\infty} x_i f_X(x_i)$$
$$E(Y) = \sum_{j=1}^{\infty} y_j f_Y(y_j)$$

- **X, Y가 연속확률변수인 경우:**

$$E(X) = \int_{-\infty}^{\infty} xf_X(x)dx$$
$$E(Y) = \int_{-\infty}^{\infty} yf_Y(y)dy$$

예제 12.7

예제 12.6에 있는 함수에 대하여 $E(X)$를 구하여라.

풀이 예제 12.2(b)에 의하여 $f_X(x) = 2x^2 + \frac{2}{3}x$이다. 따라서

$$E(X) = \int_{-\infty}^{\infty} xf_X(x)dx = \int_0^1 x\left(2x^2 + \frac{2}{3}x\right)dx = \frac{13}{18}$$

■■■

두 결합 확률변수에 대한 기대값의 성질은 다음과 같다.

(1) $E(X+Y) = E(X) + E(Y)$

(2) X, Y가 서로 독립일 필요충분조건은 $E(XY) = E(X)E(Y)$이다.

예제 12.8

표 12.1(또는 예제 12.3)의 자료에서 X, Y는 서로 독립변수들인지 기대값을 이용하여 확인하여라.

풀이 $E(X) = (0)(0.84) + (1)(0.11) + (2)(0.05) = 0.21$

$E(Y) = (0)(0.84) + (1)(0.08) + (2)(0.04) + (3)(0.04) = 0.28$

$E(XY) = 0.23$

이다.

$$E(XY) \neq E(X)E(Y)$$

이기 때문에 X, Y는 서로 독립변수들이 아니다.

■ ■ ■

제12장 연습문제

01. 두 확률변수 X와 Y의 확률분포가 다음과 같을 때

X \ Y	0	1
-1	0	$\frac{1}{3}$
0	$\frac{1}{3}$	0
1	0	$\frac{1}{3}$

(a) $f(x_i, y_j)$는 결합확률질량함수인가?

(b) $f_Y(1)$을 구하여라.

(c) 기댓값 $E(X)$, $E(Y)$를 구하여라.

(d) 확률변수 X와 Y는 서로 독립인가? 이유는?

02. 표 12.1(또는 예제 12.3)에 있는 자료에 대하여 $E(X^2Y)$와 $E(XY^2)$을 구하여라.

03. 아래에 주어진 결합확률밀도함수에 대하여 답하여라.

$$f(x, y) = \begin{cases} 2, & 0 < x < y < 1 \\ 0, & \text{그 외} \end{cases}$$

(a) 주변확률함수 $f_X(x)$와 $f_Y(y)$을 구하여라.

(b) $P\left(0 < X < \frac{1}{2}\right)$을 구하여라.

(c) $E(XY)$을 계산하여라.

(d) X, Y는 서로 독립인가?

04. 두 개의 주사위를 던지는 실험을 하는데 두 개의 주사위가 특수하게 제작되어 항상 똑같은 숫자가 윗면에 나온다고 한다. X, Y를 각 주사위의 눈의 수라고 할 때 X, Y는 서로 독립인가?

05. 결합확률밀도함수 $f(x, y) = \begin{cases} x + \frac{xy}{2}, & 0 \le x \le 1, 0 \le y \le 2 \\ 0, & \text{그 외} \end{cases}$에 대하여 $f_X(x)$, $E(X)$와 $P(X + Y \le 1)$을 구하여라.

제13장

공분산, 상관계수 및 회귀분석

이 장에서는 두 확률변수 X, Y의 관계나 관련성을 나타내는 측도인 공분산과 상관계수를 정의하고 이들의 의미에 대해서 알아본다. 또한 두 변수 x, y의 관계를 하나의 함수로 나타내어 함수의 값을 예측하는 회귀분석을 다루고, 이와 관련한 SAS 프로그램을 작성하고 실행시켜본다.

13.1 공분산

두 확률변수 X, Y에 대한 **공분산**(covariance)은 다음과 같이 정의한다.

$$Cov(X, Y) = E[(X-\mu_x)(Y-\mu_y)]$$

여기서 $\mu_x = E(X)$, $\mu_y = E(Y)$이다. 공분산은 두 확률변수 X, Y의 관계를 나타내는 하나의 측도이다. 예를 들면, X의 값이 클 때 Y값이 크다면 $(X-\mu_x)(Y-\mu_y)$의 기댓값은 양의 수가 되며, X의 값이 클 때 Y값이 작다면 $(X-\mu_x)(Y-\mu_y)$의 기댓값은 음의 수가 되어 공분산을 계산함으로서 두 변수 사이의 방향성을 짐작할 수 있다.

공분산은 주로 다음과 같이 나타내어 사용한다.

$$\begin{aligned} Cov(X, Y) &= E[(X-\mu_x)(Y-\mu_y)] \\ &= E[XY - X\mu_y - Y\mu_x + \mu_x\mu_y] \\ &= E(XY) - \mu_x\mu_y \\ &= E(XY) - E(X)E(Y) \end{aligned}$$

공분산의 의미는 다음과 같이 요약된다.

(1) $Cov(X, Y) > 0 \Rightarrow$ 기울기가 0보다 큰 직선 관계

(2) $Cov(X, Y) < 0 \Rightarrow$ 기울기가 0보다 작은 직선 관계

(3) $Cov(X, Y) = 0 \Rightarrow$ 선형 관계가 없음

예제 13.1

하나의 동전을 세 번 던졌을 때 나오는 앞면의 수를 X, 처음 두 번의 시행에서 나오는

뒷면의 수를 Y라 했을 때 두 확률변수 X, Y의 공분산을 구하여라.

풀이 이 실험의 표본공간은 표와 같고

표본공간	HHH	HHT	HTH	THH	HTT	THT	TTH	TTT
X	3	2	2	2	1	1	1	0
Y	0	0	1	1	1	1	2	2

두 변수 X, Y 의 결합분포표는 다음과 같이 작성된다.

Y \ X	0	1	2	3	$f_Y(y)$
0	0	0	$\frac{1}{8}$	$\frac{1}{8}$	$\frac{2}{8}$
1	0	$\frac{2}{8}$	$\frac{2}{8}$	0	$\frac{4}{8}$
2	$\frac{1}{8}$	$\frac{1}{8}$	0	0	$\frac{2}{8}$
$f_X(x)$	$\frac{1}{8}$	$\frac{3}{8}$	$\frac{3}{8}$	$\frac{1}{8}$	1

게다가

$$E(XY) = (1)(1)\frac{2}{8} + (2)(1)\frac{2}{8} + (1)(2)\frac{1}{8} = 1$$

$$E(X) = (0)\frac{2}{8} + (1)\frac{3}{8} + (2)\frac{3}{8} + (3)\frac{1}{8} = \frac{3}{2}$$

$$E(Y) = (0)\frac{2}{8} + (1)\frac{4}{8} + (2)\frac{2}{8} = 1$$

이다.

따라서

$$Cov(X, Y) = E(XY) - E(X)E(Y) = 1 - \frac{3}{2}(1) = -\frac{1}{2}$$

이며 변수 X, Y는 기울기가 0보다 작은 직선 관계에 있음을 알려준다.

■■■

- **공분산의 성질:**

(1) X, Y가 독립이면 $Cov(X, Y) = 0$이다.

(2) $Cov(aX, bY) = ab\,Cov(X, Y)$

(3) $Cov(X+a,\ Y+b) = Cov(X,\ Y)$

(4) $Y = aX+b$일 때, $Cov(X,\ Y) = aV(X)$

예제 13.2

다음 자료에 대하여 $Cov(X,\ Y)=0$이지만 X, Y는 독립이 아님을 보여라.

Y \ X	-1	0	1	$f_Y(y)$
0	0	$\frac{1}{3}$	0	$\frac{1}{3}$
1	$\frac{1}{3}$	0	$\frac{1}{3}$	$\frac{2}{3}$
$f_X(x)$	$\frac{1}{3}$	$\frac{1}{3}$	$\frac{1}{3}$	1

풀이

$$E(XY) = (-1)(1)\left(\frac{1}{3}\right) + (1)(1)\left(\frac{1}{3}\right) = 0$$

$$E(X) = (-1)\frac{1}{3} + (1)\frac{1}{3} = 0$$

$$E(Y) = (1)\frac{2}{3} = \frac{2}{3}$$

$$Cov(X,\ Y) = 0 - (0)\left(\frac{2}{3}\right) = 0$$

이다. 하지만

$$P(X=0,\ Y=0) = \frac{1}{3} \neq P(X=0)P(Y=0) = \left(\frac{1}{3}\right)\left(\frac{1}{3}\right) = \frac{1}{9}$$

또는

$$P(X=1,\ Y=1) = \frac{1}{3} \neq P(X=1)P(Y=1) = \left(\frac{1}{3}\right)\left(\frac{2}{3}\right) = \frac{2}{9}$$

이기 때문에 X, Y는 독립이 아니다. ■■■

13.2 상관계수

일상생활에서 두 상황(두 변수 X, Y) 사이에 어떤 관련(선형성)이 있는 경우가 종종 일어난다. 예를 들면 신입생의 입학성적과 첫 학기 중간고사 성적과의 관계, 신생아의 신장과 체중과의 관계, 기업의 홍보비용과 소득(이익)과의 관계, 경제 성장률과 실업률 사이의 관계 등이다. 이렇게 두 변수 사이에 어떤 선형관계가 있는지 없는지를 분석하는 것을 **상관분석**(correlation analysis)이라 한다.

먼저 주어진 자료

x	x_1	x_2	$\cdots$	x_n
y	y_1	y_2	$\cdots$	y_n

를 좌표평면에 점들 $\{(x, y)\}$로 나타내면[이를 **산점도**(scatter diagram)라 부름] 두 변수 사이의 선형관계를 대략적으로 파악할 수 있다. 점들이 양의 기울기를 가진 어떤 직선 주위에 분포되어 있다면(그림 13.2 참조), 두 변수 사이에는 양의 상관관계가 있으

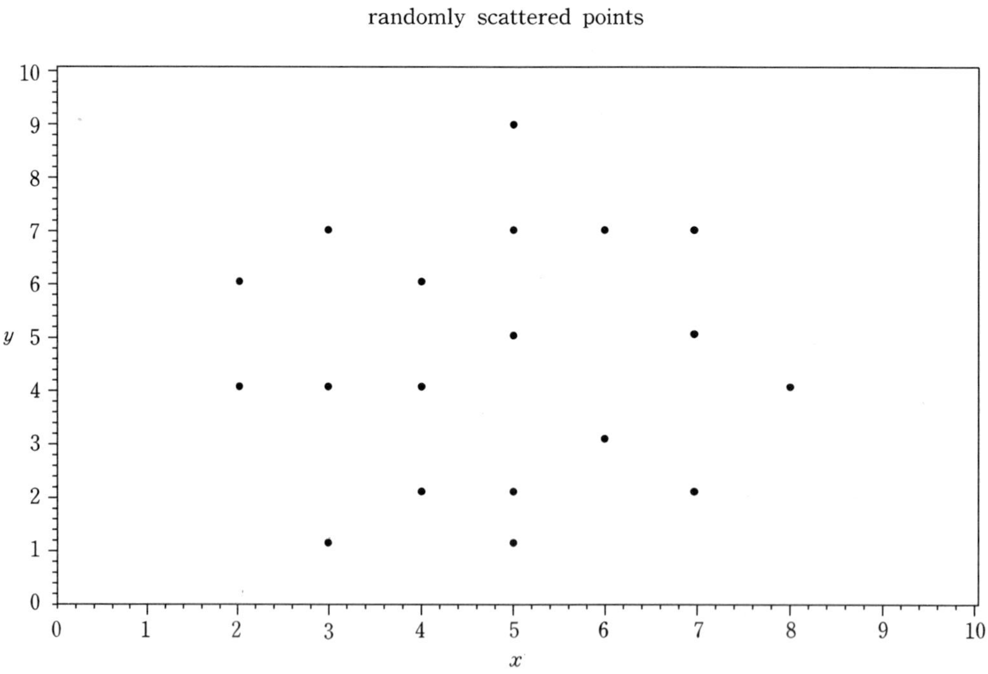

그림 13.1

며, 반대로 점들이 음의 기울기를 가진 어떤 직선 주위에 분포되어 있다면(그림 13.3 참조) 두 변수 사이에는 음의 상관관계에 있다. 점들이 직선 주위에 가까이 분포되어 있으면 상관관계가 강하며 멀리 떨어져 있으면 약한 상관관계라 볼 수 있다. 점들이 아래의 그림 13.1과 같이 무작위로 아무렇게나 흩어져 있다면 두 변수 사이에는 상관관계가 없다고 볼 수 있다.

상관계수(correlation coefficient)란 두 변수 사이의 선형관계를 정량적인 수치로 나타낸 통계량 값이다. 어떤 모집단에서 두 변수 사이의 모상관계수는 다음과 같이 정의된다.

- **모상관계수:**

$$Corr(X,\, Y) = \frac{Cov(X,\, Y)}{\sigma_x \sigma_y}$$

여기서 σ_x, σ_y는 각각 X, Y에 대한 모표준편차이다. 일반적으로 모집단에서 추출한 표본을 사용하기 때문에 모상관계수는 잘 사용하지 않고 대신 다음과 같이 **표본상관계수**(sample correlation coefficient)를 사용한다.

- **두 변수 X, Y 사이의 표본상관계수:**

$$r = \frac{s_{XY}}{s_X s_Y}$$

여기서 s_{XY}는 X, Y에 대한 표본공분산이고 s_X, s_Y는 각각 X, Y에 대한 표본표준편차이다.

실험이나 수집한 자료 $(x_i,\, y_i)$가 일어날 확률이 일반적으로 동일하기 때문에(보편적으로 똑같다고 가정함) 표본상관계수는 아래와 같이 정의한다.

$$r = \frac{\frac{1}{n-1}\sum_{i=1}^{n}(x_i - \overline{x})(y_i - \overline{y})}{\sqrt{\frac{1}{n-1}\sum_{i=1}^{n}(x_i - \overline{x})^2}\,\sqrt{\frac{1}{n-1}\sum_{i=1}^{n}(y_i - \overline{y})^2}}$$

여기서 $Cov(X, Y)$를 $\frac{1}{n-1}\sum_{i=1}^{n}(x_i-\overline{x})(y_i-\overline{y})$로, σ_X^2을 $\frac{1}{n-1}\sum_{i=1}^{n}(x_i-\overline{x})^2$로, σ_Y^2을 $\frac{1}{n-1}\sum_{i=1}^{n}(y_i-\overline{y})^2$로 치환하였다.

위를 정리하면 다음과 같이 좀더 편리한 형태로 주어진다.

$$r=\frac{\sum_{i=1}^{n}x_iy_i-(\sum_{i=1}^{n}x_i)(\sum_{i=1}^{n}y_i)/n}{\sqrt{\left[\sum_{i=1}^{n}x_i^2-(\sum_{i=1}^{n}x_i)^2/n\right]\left[\sum_{i=1}^{n}y_i^2-(\sum_{i=1}^{n}y_i)^2/n\right]}}$$

- **표본상관계수의 성질:**
  (1) 상관계수 r의 값은 -1과 1 사이에 있다($-1 \le r \le 1$).
  (2) 상관계수 r은 변수 X, Y 사이의 선형관계를 나타낸다. $r>0$이면 양의 상관관계(증가방향)를 $r<0$이면 음의 상관관계(감소방향)를 가진다.
  (3) r이 0에 가까우면 두 변수 X, Y 사이에 선형관계가 거의 없다고 볼 수 있으며 $r=\pm 1$이면 X, Y는 완벽한 직선관계를 가진다.

예제 13.3

다음은 예제 5.1에서 얻은 10명의 학생들에 대한 신장(x)과 매일 평균적으로 커피를 마신 횟수(y)에 대한 자료이다. 이 자료에 대한 상관계수를 구하여라.

학생	1	2	3	4	5	6	7	8	9	10
신장	165	159	170	156	160	172	180	162	154	173
횟수	5	4	7	1	5	5	6	2	3	7

풀이 위의 자료를 산점도로 나타내면 그림 13.2와 같다.

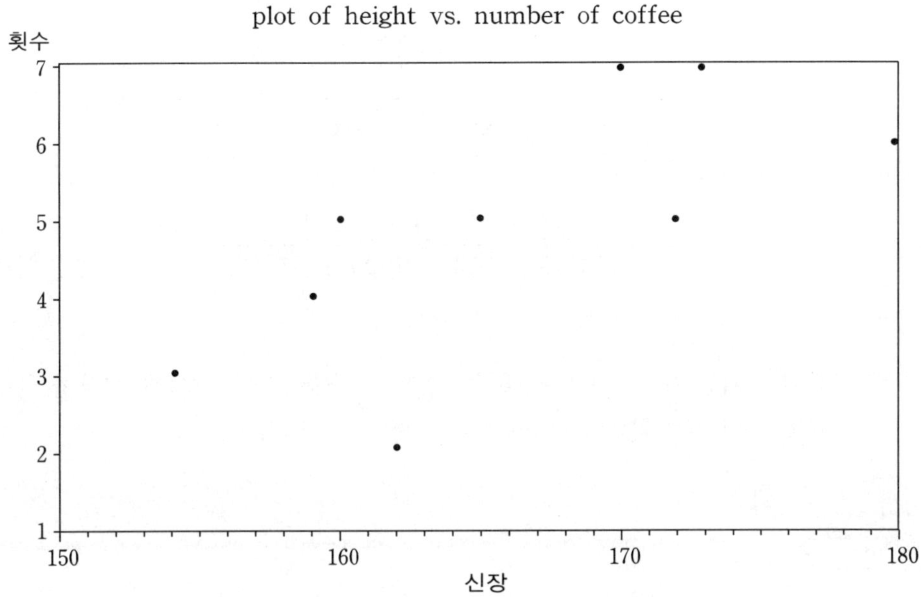

그림 13.2

아래의 표는 상관계수의 계산에 필요한 값들이다.

x	y	xy	x^2	y^2
165	5	825	27225	25
159	4	636	25281	16
170	7	1190	28900	49
156	1	156	24336	1
160	5	800	25600	25
172	5	860	29584	25
180	6	1080	32400	36
162	2	324	26244	4
154	3	462	23716	9
173	7	1211	29929	49
$\sum x_i = 1651$	$\sum y_i = 45$	$\sum x_i y_i = 7544$	$\sum x_i^2 = 273215$	$\sum y_i^2 = 239$

따라서

$$r = \frac{\sum_{i=1}^{n} x_i y_i - \left(\sum_{i=1}^{n} x_i\right)\left(\sum_{i=1}^{n} y_i\right) \Big/ n}{\sqrt{\left[\sum_{i=1}^{n} x_i^2 - \left(\sum_{i=1}^{n} x_i\right)^2 \Big/ n\right]\left[\sum_{i=1}^{n} y_i^2 - \left(\sum_{i=1}^{n} y_i\right)^2 \Big/ n\right]}}$$

$$= \frac{7544 - (1651)(45)/10}{\sqrt{[273215 - 1651^2/10][239 - 45^2/10]}}$$

$$= 0.75215.$$

위의 결과는 두 변수 사이의 선형관계는 증가관계에 있으며 신장이 클수록 커피를 마시는 횟수는 늘어난다는 것을 의미한다. ■■■

예제 13.4

다음 자료에 대한 상관계수를 구하여라.

x	−1	−0.5	0	0.5	1	2	2.5	3	4	4.5
y	3.5	2.8	3	2.5	3	1.9	2	1.2	1	1.3

풀이 위의 자료를 산점도로 나타내면 그림 13.3과 같다.

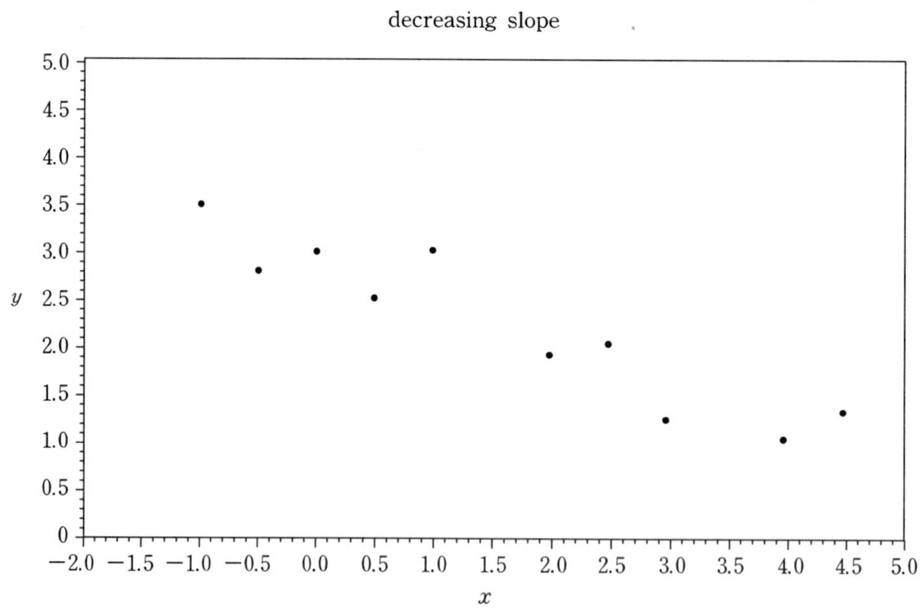

그림 13.3

또한

x	y	xy	x^2	y^2
− 1.0	3.5	− 3.50	1.00	12.25
− 0.5	2.8	− 1.40	0.25	7.84
0.0	3.0	0.00	0.00	9.00
0.5	2.5	1.25	0.25	6.25
1.0	3.0	3.00	1.00	9.00
2.0	1.9	3.80	4.00	3.61
2.5	2.0	5.00	6.25	4.00
3.0	1.2	3.60	9.00	1.44
4.0	1.0	4.00	16.00	1.00
4.5	1.3	5.85	20.25	1.69
$\sum x_i = 16.00$	$\sum y_i = 22.20$	$\sum x_i y_i = 21.60$	$\sum x_i^2 = 58.00$	$\sum y_i^2 = 56.08$

따라서

$$
\begin{aligned}
r &= \frac{\sum_{i=1}^{n} x_i y_i - \left(\sum_{i=1}^{n} x_i\right)\left(\sum_{i=1}^{n} y_i\right) \Big/ n}{\sqrt{\left[\sum_{i=1}^{n} x_i^2 - \left(\sum_{i=1}^{n} x_i\right)^2 \Big/ n\right]\left[\sum_{i=1}^{n} y_i^2 - \left(\sum_{i=1}^{n} y_i\right)^2 \Big/ n\right]}} \\
&= \frac{21.6 - (16.0)(22.2)/10}{\sqrt{[58.0 - 16.0^2/10][56.08 - 22.2^2/10]}} \\
&= -0.93808
\end{aligned}
$$

위의 결과는 두 변수 사이의 선형관계가 상당히 강하며 x의 값이 클수록 y의 값은 줄어듦을 의미한다. ■■■

▷ proc corr

SAS의 프러시저 corr은 변수 사이의 상관계수를 계산해준다. proc corr의 기본구성은 다음과 같다.

```
proc corr 옵션들;
```

```
var 변수명;
with 변수명;
by 변수명;
```

- var

상관계수를 구하고자 하는 변수를 지정한다.

- with

상관관계가 있는 변수를 지정한다.

- by

변수의 값에 따라 분리하여 결과를 출력한다.

예제 13.3의 문제에 대한 SAS 프로그램과 이 프로그램의 실행결과는 다음과 같다.

```
title 'use of proc corr';
data prog13_1 corr;
input x y @@;
label x = '신장' y = '횟수';
cards;
165 5 159 4 170 7 156 1 160 5
172 5 180 6 162 2 154 3 173 7
run;
proc corr;
  var x;
  with y;
run;
```

실행결과

```
use of proc corr

CORR 프러시저

1 조합 변수: y
1      변수: x

단순 통계량

변수  N       평균      표준편차        합       최소값      최대값  라벨
 y   10    4.50000   2.01384  45.00000    1.00000    7.00000 횟수
 x   10  165.10000   8.39907   1651    154.00000 180.00000 신장

피어슨 상관계수, N = 10
H0: Rho=0 검정에 대한 Prob > |r|

  y              x
 횟수        0.75215
             0.0121
```

신장과 횟수의 상관계수는 0.75215임을 알 수 있다.

13.3 회귀분석

두 변수의 관계를 하나의 함수로 나타내어 한 변수(독립변수)로부터 다른 변수(종속변수)의 값을 예측하는 것을 **회귀분석**(regression analysis)이라 한다. 독립변수가 하나인 경우는 단순회귀분석이라 부르며 독립변수가 두 개 이상인 경우는 중회귀분석이라 부른다.

수집한 자료의 두 변수 x, y의 관계가 산점도의 대략적인 분석을 통해 선형성을 가진다면 이 자료에 직선 식을 **적합**(fitting)시키는 것이 가장 적절하다. 이와 같이 독립변수가 하나이고 독립변수와 종속변수의 관계가 직선관계인 경우를 **단순선형회귀**(simple linear regression)라 하며 이 절에서는 단순선형회귀만 다루고자 한다.

n개의 자료가 아래와 같이 주어졌을 때

x	x_1	x_2	$\cdots$	x_n
y	y_1	y_2		y_n

단순선형회귀모형은 다음과 같이 표현된다.

$$y_i = \alpha + \beta x_i + \epsilon_i, \quad i = 1, 2, \cdots, n$$

여기서 ϵ_i는 y_i의 오차항이며 평균이 0이고 분산이 σ^2인 정규분포를 따르는 서로 독립인 확률변수이다.

점들에 적합한 직선을 $\tilde{y} = \alpha + \beta x$라 하자. i번째의 관측값(주어진 자료 값) y_i와 추측값 $\tilde{y_i} = \alpha + \beta x_i$와의 차 $d_i = y_i - \tilde{y_i} = y_i - (\alpha + \beta x_i)$를 **잔차**(residual)라 한다. α와 β를 추정하기 위해서 잔차의 제곱합(전체 오차)

$$E = \sum_{i=1}^{n} d_i^2 = \sum_{i=1}^{n} \{y_i - (\alpha + \beta x_i)\}^2$$

에 최소제곱법(least square method)을 적용한다. 즉 E를 최소화하기 위해 $\dfrac{\partial E}{\partial \alpha} = 0$, $\dfrac{\partial E}{\partial \beta} = 0$로 두고 α와 β를 구하면 된다.

$$\frac{\partial E}{\partial \alpha} = -2\sum_{i=1}^{n}(y_i - \alpha - \beta x_i) = 0$$

$$\frac{\partial E}{\partial \beta} = -2\sum_{i=1}^{n}(y_i - \alpha - \beta x_i)x_i = 0$$

위를 정리하면

$$\alpha n + \beta\sum_{i=1}^{n}x_i = \sum_{i=1}^{n}y_i$$

$$\alpha\sum_{i=1}^{n}x_i + \beta\sum_{i=1}^{n}x_i^2 = \sum_{i=1}^{n}x_iy_i$$

가 된다. 이 식을 **정규방정식**(normal equation)이라 하며, α와 β를 **회귀계수**라 한다. 정규방정식은 다음과 같이 행렬·벡터 식으로 나타낼 수 있다.

$$\begin{pmatrix} n & \sum_{i=1}^{n}x_i \\ \sum_{i=1}^{n}x_i & \sum_{i=1}^{n}x_i^2 \end{pmatrix}\begin{pmatrix}\alpha \\ \beta\end{pmatrix} = \begin{pmatrix}\sum_{i=1}^{n}y_i \\ \sum_{i=1}^{n}x_iy_i\end{pmatrix}$$

위의 정규방정식을 풀고 회귀계수를 구하면 다음과 같이 주어진다.

$$\alpha = \overline{y} - \beta\overline{x}$$

$$\beta = \frac{\sum_{i=1}^{n}x_iy_i - n\overline{x}\,\overline{y}}{\sum_{i=1}^{n}x_i^2 - n\overline{x}^2} = \frac{\sum_{i=1}^{n}x_iy_i - \left(\sum_{i=1}^{n}x_i\right)\left(\sum_{i=1}^{n}y_i\right)\Big/ n}{\sum_{i=1}^{n}x_i^2 - \left(\sum_{i=1}^{n}x_i\right)^2\Big/ n} = \frac{s_{XY}}{s_X^2}$$

따라서 점들에 적합한 직선(추정회귀직선)은 다음과 같다.

$$\tilde{y} = \alpha + \beta x$$

예제 13.5

다음 자료에 대하여 회귀직선의 계수를 구하고 자료(점들)와 직선의 그래프를 한 화면에 그려라.

학생	1	2	3	4	5	6	7	8	9	10
신장	165	159	170	156	160	172	180	162	154	173
횟수	5	4	7	1	5	5	6	2	3	7

풀이

$$\bar{x} = \frac{\sum_{i=1}^{n} x_i}{n} = \frac{1651}{10} = 165.1$$

$$\bar{y} = \frac{\sum_{i=1}^{n} y_i}{n} = \frac{45}{10} = 4.5$$

$$s_X^2 = \sum_{i=1}^{n} x_i^2 - n\overline{x}^2 = 273215 - (10)(165.1)^2 = 634.9$$

$$s_{XY} = \sum_{i=1}^{n} x_i y_i - n\bar{x}\bar{y} = 7544 - (10)(165.1)(4.5) = 114.5$$

따라서

$$\beta = \frac{s_{XY}}{s_X^2} = \frac{114.5}{634.9} = 0.18034$$

$$\alpha = \bar{y} - \beta\bar{x} = 4.5 - (0.18043)(165.1) = -25.275$$

이다.

또는 다음 선형연립방정식의 해를 구함으로서 계수들을 구할 수 있다.

$$\begin{pmatrix} 10 & 1651 \\ 1651 & 273215 \end{pmatrix}\begin{pmatrix} \alpha \\ \beta \end{pmatrix} = \begin{pmatrix} 45 \\ 7544 \end{pmatrix}$$

따라서 추정회귀직선은 $\tilde{y} = \alpha + \beta x = -25.275 + 0.18034x$가 된다. 주어진 자료와 회귀직선의 그래프는 그림 13.4에서 볼 수 있다.

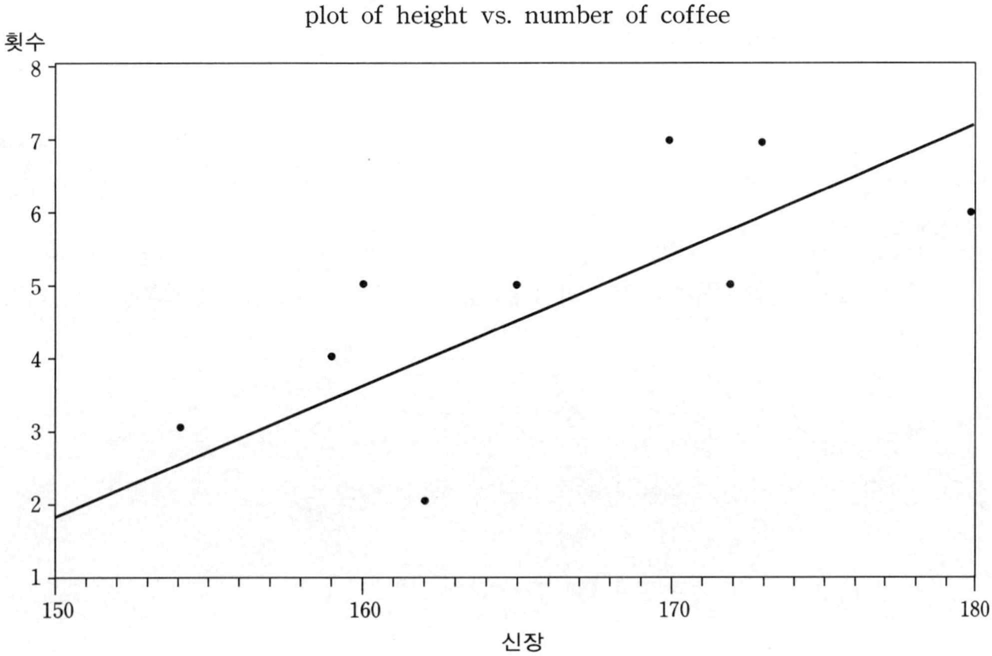

그림 13.4

위의 그래프에 대한 SAS 프로그램은 다음과 같이 작성할 수 있다.

```
title 'plot of height vs. number of coffee';
data prog13_5;
input x y @@;
label x = '신장' y = '횟수';
do x1 = 150 to 180 by 0.1;
   y1 = -25.289 + 0.18043*x1;
output;
end;
cards;
165 5 159 4 170 7 156 1 160 5
172 5 180 6 162 2 154 3 173 7
run;
proc gplot;
plot y*x y1*x1 / overlay vaxis = 1 to 8 by 1;
symbol1 c=black v=dot h=0.5;
```

```
symbol2 i=join;
run;
```

▷ proc reg

프러시저 reg는 선형회귀모형의 회귀계수를 구해준다. proc reg의 기본구성은 다음과 같다.

```
proc reg;
  model 종속변수 = 독립변수;
  by 변수명;
  output out = 자료세트명;
```

- model
  회귀모형을 선언한다.

- by
  변수의 값에 따라 분리하여 회귀분석을 실행한다.

예제 13.5에 대한 SAS 프로그램과 이의 실행결과는 아래와 같다.

```
title 'use of proc reg';
data prog13_2 reg;
input x y @@;
label y = '횟수' x = '신장';
cards;
165 5 159 4 170 7 156 1 160 5
172 5 180 6 162 2 154 3 173 7
run;
proc reg;
  model y=x;
run;
```

실행결과

```
                    use of proc reg

                  The REG Procedure
                   Model: MODEL1
             Dependent Variable: y 횟수

                Analysis of Variance

              Sum of                        Mean
 Source        DF    Squares     Square    F Value   Pr > F
 Model          1    20.64931
                                20.64931    10.42    0.0121
 Error          8    15.85069
                                 1.98134
 Corrected Total 9   36.50000

     Root MSE            1.40760    R-Square      0.5657
     Dependent Mean      4.50000    Adj R-Sq      0.5115
     Coeff Var          31.27998

                 Parameter Estimates

                         Parameter   Standard
Variable    Label     DF  Estimate     Error    t Value Pr > |t|
Intercept Intercept   1   -25.27469   9.23376    -2.74   0.0256
   x         신장      1     0.18034   0.05586     3.23   0.0121
```

여기서 $\beta = 0.18034$, $\alpha = -25.275$로 주어진다. 따라서 위의 이론의 결과와 같이 추정회귀직선은 $\tilde{y} = \alpha + \beta x = -25.275 + 0.18034x$가 된다.

제13장 연습문제

01. 두 확률변수 X와 Y의 확률분포가 다음과 같을 때 공분산 $Cov(X, Y)$를 구하여라.

X \ Y	0	1
-1	0	$\frac{1}{3}$
0	$\frac{1}{3}$	0
1	0	$\frac{1}{3}$

02. X가 $(-1, 1)$에서 균등확률분포이고 $Y=X^2$일 때 $Cov(X, Y)$를 구하여라.

03. 하나의 동전을 세 번 던졌을 때 나오는 앞면의 수를 X, 처음 두 번의 시행에서 나오는 뒷면의 수를 Y라 했을 때 두 확률변수 X, Y의 상관계수 $Corr(X, Y)$를 구하여라. 결합분포표는 아래와 같다.

X \ Y	0	1	2	3	$f_Y(y)$
0	0	0	$\frac{1}{8}$	$\frac{1}{8}$	$\frac{2}{8}$
1	0	$\frac{2}{8}$	$\frac{2}{8}$	0	$\frac{4}{8}$
2	$\frac{1}{8}$	$\frac{1}{8}$	0	0	$\frac{2}{8}$
$f_X(x)$	$\frac{1}{8}$	$\frac{3}{8}$	$\frac{3}{8}$	$\frac{1}{8}$	1

04. 두 확률변수 X, Y에 대한 상관계수 $Corr(X, Y)$는 다음과 같이 정의된다.

$$\rho = Corr(X, Y) = \frac{Cov(X, Y)}{\sqrt{V(X)}\sqrt{V(Y)}}$$

만약 $Y=aX+b$이면 ρ^2은 얼마가 되는가? 이유는?

05. 다음 자료에 대하여 회귀직선의 계수를 구하고(직접 계산하여 그리고 SAS 프로그

램을 작성하여) 자료(점들)와 회귀직선의 그래프를 한 화면에 그려라. 또한 상관계수도 계산하여라.

x	1	2	3	4
y	0	1	1	2

06. 다음 자료에 대하여 회귀직선의 계수를 구하고(직접 계산하여 그리고 SAS 프로그램을 작성하여) 자료(점들)와 회귀직선의 그래프를 한 화면에 그려라. 또한 상관계수도 계산하여라.

x	1	2	3	4
y	2	1	1	0

07. SAS 프로그램을 작성하여 다음 자료에 대한 회귀직선의 계수를 구하고 자료(점들)와 직선의 그래프를 한 화면에 그려라.

x	−1	−0.5	0	0.5	1	2	2.5	3	4	4.5
y	3.5	2.8	3	2.5	3	1.9	2	1.2	1	1.3

08. $f(x, y) = \begin{cases} 2, & 0 < x < y < 1 \\ 0, & \text{그 외} \end{cases}$ 일 때 공분산 $Cov(X, Y)$를 구하여라.

09. 다음은 9개의 흥행영화에 대한 총 제작비와 총 관객수에 대한 자료이다.

영화이름	왕의 남자	태극기 휘날리며	실미도	친구	괴물	웰컴투 동막골	화려한 휴가	타짜	미녀는 괴로워
총 제작비 (억 원)	66	190	110	45	200	85	100	50	110
관객수 (만 명)	1230	1170	1108	818	1302	800	728	684	662

(a) 상관계수를 구하여라.

(b) 회귀직선의 계수를 구하고 자료와 직선의 그래프를 한 화면에 그려라.

제14장

표본분포

모집단에 대한 특성을 파악하고자 할 때 모집단 전체를 조사하는 것은 거의 불가능하다. 따라서 모집단에서 표본을 추출하여 표본을 조사함으로써 모집단에 대한 정보나 특성을 얻을 수 있다. 통계조사를 모집단 전체를 대상으로 실시하는 경우 이를 **전수조사**(complete survey)라 하고 모집단의 일부분인 표본을 추출하여 조사하는 통계조사를 **표본조사**(sample survey)라 한다. 예를 들어, 통계청에서 5년에 한 번씩 갖는 우리나라 전체에 대한 인구조사는 전수조사이며 1000명 정도에게 전화를 걸어 선호하는 후보자나 당을 조사하는 것은 표본조사이다. 이 장에서는 표본추출방법의 종류를 간략히 소개하고 표본평균의 기대값과 분산, 표본분포로 잘 알려진 t-분포와 카이제곱분포를 다룬다.

14.1 표본추출법

표본을 추출하는 방법에는 **유의추출법**(purporsive selection)과 **임의추출법**(random sampling) 두 가지가 있다. 유의추출법은 조사자의 주관적인 판단에 따라 적당한 표본을 추출하는 방법이며, 임의추출법은 모집단의 모든 원소가 일어날 확률이 똑같다는 객관적인 판단 아래 표본을 추출하는 방법이다. 임의추출법으로는 동일한 확률로 표본을 추출하는 가장 기본적인 추출법인 단순임의추출법(simple random sampling), 모집단을 동질적인 성질을 가지는 몇 개의 집단(또는 층)으로 나누어 각 집단으로부터 표본을 추출하는 층화임의추출법(stratified random sampling), 모집단을 여러 개의 부분집단(또는 집락(cluster))으로 나누고 이 집락들 가운데서 몇 개의 집락을 임의추출하여 표본을 추출하는 집락추출법(cluster sampling) 등이 있다.

모집단의 특성값으로 모집단의 평균, 표준편차 등이 있다. 이들을 모집단의 **모수**(parameter)라 부른다. 모수를 구하기 위해서는 전수조사가 필요하기 때문에 많은 경우 모수의 값은 표본을 추출하여 표본의 평균, 표본의 표준편차 등을 구한 값들에 의해 추정된다. 이와 같이 모수를 추정하기 위해서 계산되는 표본의 평균, 표본의 표준편차 등을 **통계량**(statistic)이라 부른다.

14.2 표본평균의 기대값 및 분산

크기가 N인 모집단에서 n개의 표본 $x_1, x_2, \cdots, x_n$(또는 변수 $X_1, X_2, \cdots, X_n$)을 추출했을 때 표본의 평균 $\overline{x}$ (또는 $\overline{X}$)는 다음과 같이 정의하고

$$\overline{X} = \frac{x_1 + x_2 + \cdots + x_n}{n}$$

표본분산 s^2은 아래와 같이 정의 한다.

$$s^2 = \frac{1}{n-1}\sum_{i=1}^{n}(x_i - \overline{x})^2$$

s^2에서 n 대신에 $n-1$을 사용하는 이유는 s^2의 기대값이 모분산 σ^2이 되어 s^2이 σ^2의 좋은 추정량이 되기 때문이다(15.1절 참조).

다음은 모집단의 특성을 나타내는 기호와 표본의 통계량을 나타내는 기호들을 정리한 표이다.

	모집단	표 본
크기	N	n
평균	μ	$\overline{X}$
분산	σ^2	s^2
표준편차	σ	s
비율	p	$\hat{p}$

주목 비율은 불량률, 찬성률 등을 의미한다.

이제 모평균이 μ인 모집단에서 n개의 표본을 추출했을 때 표본평균 $\overline{X}$에 대하여 다음이 성립함을 알 수 있다.

$$E(\overline{X}) = \mu$$

표본평균 $\overline{X}$에 대한 분산은 다음과 같이 주어진다.

$$V(\overline{X}) = s^2 = \frac{\sigma^2}{n}$$

14.3 표본평균의 분포

▷ 모집단이 정규분포를 따르는 경우

크기가 n인 표본에 대한 표본평균 $\overline{X}$는 모집단이 평균 μ, 분산 σ^2인 정규분포를 따를 때 정규분포 $N\left(\mu, \dfrac{\sigma^2}{n}\right)$을 따른다. 또한 $Z = \dfrac{\overline{X} - \mu}{\sigma/\sqrt{n}}$는 표준정규분포 $N(0, 1)$을 따른다.

▷ 모집단이 정규분포를 따르지 않는 경우

n이 충분히 크면 표본에 대한 표본평균 $\overline{X}$는 다음 정리에 의해서 역시 정규분포에 근사한다는 사실이 알려져 있다.

정리 14.1 [중심극한정리(Centeral Limit Theorem)]

변수 $X_1, X_2, \cdots, X_n$의 분포를 알 수 없을 경우 n이 충분히 크면$(n \ge 30)$

$$\overline{X} = \frac{X_1 + X_2 + \cdots + X_n}{n}$$

는 근사적으로 정규분포 $N\left(\mu, \dfrac{\sigma^2}{n}\right)$을 따른다.

따라서 모집단의 분포가 정규분포를 따르지 않더라도 평균이 μ, 분산이 σ^2인 모집단으로부터 충분히 큰 n개의 표본을 추출하면 표본평균 $\overline{X}$는 근사적으로 정규분포 $N\left(\mu, \dfrac{\sigma^2}{n}\right)$을 따른다. 또한 $Z = \dfrac{\overline{X} - \mu}{\sigma/\sqrt{n}}$는 근사적으로 표준정규분포 $N(0, 1)$을 따른다.

예제 14.1

2010년을 기준으로 우리나라 청년(18세 ~ 24세)의 평균키는 173.4cm이고 표준편차가 6cm인 정규분포를 따른다고 한다.

(a) 한 청년의 키가 175.2cm 이상이 될 확률을 구하여라.

(b) 100명의 청년을 무작위로(랜덤하게) 뽑아 평균키를 구할 때 175.2cm 이상이 될 확률을 구하여라.

풀이 (a) X를 우리나라 청년의 신장이라고 하면

$$
\begin{aligned}
P(X \geq 175.2) &= P\left(Z \geq \frac{175.2-173.4}{6}\right) \\
&= P(Z \geq 0.3) \\
&= 1-P(Z \leq 0.3) \quad \text{: 부록 참조} \\
&= 0.3821
\end{aligned}
$$

이다.

(b) $\overline{X}$를 우리나라 청년의 평균신장이라고 하면

$$
\begin{aligned}
P(\overline{X} \geq 175.2) &= P\left(\frac{\overline{X}-173.4}{6/\sqrt{100}} \geq \frac{175.2-173.4}{6/\sqrt{100}}\right) \\
&= P(Z \geq 3) \\
&= 1-P(Z \leq 3) \quad \text{: 부록 참조} \\
&= 0.0013
\end{aligned}
$$

이다. ■■■

예제 14.2

어느 공장에서 생산되는 상품의 무게를 조사해보니 평균이 2.3kg이고 표준편차가 0.8kg이라고 한다. 이 공장에서 생산되는 상품 중 144개를 추출할 때 평균무게가 2.2kg과 2.5kg 사이일 확률을 구하여라.

풀이 X를 상품의 무게라고 하면

$$
\begin{aligned}
P(2.2 \leq \overline{X} \leq 2.5) &= P\left(\frac{2.2-2.3}{0.8/\sqrt{144}} \leq \frac{\overline{X}-2.3}{0.8/\sqrt{144}} \leq \frac{2.5-2.3}{0.8/\sqrt{144}}\right) \\
&= P(-1.5 \leq Z \leq 3) \\
&= P(Z \leq 3)-(1-P(Z \leq 1.5)) \quad \text{: 부록 참조} \\
&= 0.9987-(1-0.9332) \\
&= 0.9319
\end{aligned}
$$

이다.

이에 대한 SAS 프로그램은 다음과 같다.

```
title 'Average weight of products';
data prog14_1;
p = probnorm(3) - probnorm(-1.5);
run;
proc print;
run;
```

실행결과

```
                Average weight of products

                 Obs                 p

                  1               0.93184
```

■■■

$Z=\dfrac{\overline{X}-\mu}{\sigma/\sqrt{n}}$는 근사적으로 표준정규분포 $N(0,1)$을 따른다는 것을 알고 있다. 이제

$$\overline{X}=\frac{X_1+X_2+\cdots+X_n}{n}$$

이기 때문에 Z의 분모와 분자에 n을 곱하면 다음과 같이 나타낼 수 있다.

$$\frac{\overline{X}-\mu}{\sigma/\sqrt{n}}\frac{n}{n}=\frac{X_1+X_2+\cdots+X_n-n\mu}{\sqrt{n}\,\sigma}$$

따라서

$$Z=\frac{X_1+X_2+\cdots+X_n-n\mu}{\sqrt{n}\,\sigma}$$

역시 근사적으로 표준정규분포 $N(0,1)$을 따른다고 할 수 있다. 여기서 μ와 σ는 각 변수의 기대값과 표준편차로 취급한다.

예제 14.3

$X_i\,(i=1, 2, 3, \cdots, 50)$는 서로 독립이며 각각 $\mu=0.03$, $V(X_i)=0.03$의 값을 갖는다고 하자. $S=X_1+X_2+\cdots+X_{50}$일 때, $P(S\geq 3)$을 구하여라.

풀이 $\sigma=\sqrt{V(X_i)}=\sqrt{0.03}$이기 때문에

$$\begin{aligned} P(S\geq 3) &= P\left(Z\geq \frac{3-n\mu}{\sqrt{n}\,\sigma}\right) \\ &= P\left(Z\geq \frac{3-(50)(0.03)}{\sqrt{(50)(0.03)}}\right) \\ &= P(Z\geq 1.2247) \\ &= 1-0.88975 \\ &= 0.11025 \end{aligned}$$

이다. ■■■

14.4 t-분포와 카이제곱분포

$X_1,\ X_2,\ \cdots,\ X_n$가 정규분포 $N(\mu,\ \sigma^2)$를 따르는 모집단에서 추출한 n개의 표본이면 표본평균과 표본분산은 각각 다음과 같다.

$$\overline{X} = \frac{1}{n}\sum_{i=1}^{n} X_i,\quad s^2 = \frac{1}{n-1}\sum_{i=1}^{n}(X_i - \overline{X})^2$$

▷ t-분포

다음 분포를 $n-1$의 자유도(degree of freedom)를 갖는 t-분포(t-distribution)라 한다.

$$t = \frac{\overline{X} - \mu}{s/\sqrt{n}}$$

t-분포는 모평균 μ를 추정하는데 사용된다. t-분포의 형태는 0을 중심으로 좌우대칭이지만 표준정규분포에 비하여 두터운 꼬리를 갖는 것이 특징이고 자유도가 커질수록 t-분포는 표준정규분포에 가까워진다.

자유도가 n인 t-분포의 상위 $100\alpha\%$ [즉 $P(t \geq t_\alpha) = \alpha$]에 대한 SAS 함수의 일반 형식은 아래와 같다.

tinv(1 − α, n)

예제 14.4

확률함수 t가 자유도 20인 t-분포를 따른다고 할 때 $P(t > t_\alpha) = 0.05$가 되는 t_α를 구하여라.

풀이 $n = 20,\ \alpha = 0.05$이므로 부록에 있는 t-분포표로부터 $t_\alpha = 1.725$이다. 이에 대한 SAS 프로그램은 다음과 같다.

```
title 't-distribution';
data prog14_2;
alph=0.05;
n=20;
t = tinv(1-alph, n);
run;
proc print;
run;
```

실행결과

```
                t-distribution

     Obs        alph          n           t

      1         0.05         20        1.72472
```

▷ 카이제곱분포

다음 분포를 $n-1$의 자유도(degree of freedom)를 갖는 카이제곱분포(chi-squared distribution)라 한다.

$$\chi^2(n-1) = \frac{\sum_{i=1}^{n}(X_i - \overline{X})^2}{\sigma^2} = \frac{s^2}{\sigma^2}(n-1)$$

카이제곱분포는 표본분산 $s^2 = \frac{1}{n-1}\sum_{i=1}^{n}(X_i - \overline{X})^2$를 이용하여 모분산 σ^2를 추정하는데 사용된다. 카이제곱분포의 형태는 비대칭곡선을 가지며 오른쪽으로 긴 꼬리를 갖는 특성을 가지고 있다.

자유도가 n인 카이제곱분포의 상위 $100\alpha\%$ [즉 $P(X \geq \chi^2_\alpha) = \alpha$]에 대한 SAS 함수의 일반형식은 다음과 같다.

cinv(1 − α, n)

예제 14.5

확률변수 X가 자유도 10인 카이제곱분포를 따른다고 할 때 $P(X \geq \chi_{\alpha}^{2}) = 0.1$가 되는 χ_{α}^{2}을 구하여라.

풀이 $n = 10$, $\alpha = 0.1$이므로 부록에 있는 카이제곱분포로 $\chi_{\alpha}^{2} = 15.9871$이다. 이에 대한 SAS 프로그램은 다음과 같다.

```
title 'chi-distribution';
data prog14_3;
alph=0.1;
n=10;
x = cinv(1-alph, n);
run;
proc print;
run;
```

실행결과

```
                chi-distribution

      Obs        alph         n          t

       1         0.1         10       15.9872
```

■■■

제14장 연습문제

01. 인천공항 직원의 말에 의하면 비행기 승객 1인당 평균 짐의 무게는 15kg이고 표준편차는 5kg이라 한다. 어느 특정한 날에 랜덤 추출한 64명의 승객들의 평균 짐의 무게가 17kg보다 작거나 같을 확률을 구하여라.

02. $X_i(i=1, 2, 3, \cdots, 10)$는 동일하며 서로 독립이고 구간 $(0, 1)$에서 균등분포를 이룰 때, $P\left(\sum_{i=1}^{10} X_i > 7\right)$의 확률을 구하여라.

03. 어느 나라의 만 20세의 남자의 신장은 평균 170cm, 표준편차 5cm인 정규분포를 보인다. 한 20세 남자를 임의로 뽑았을 때 평균신장이 169cm와 171cm 사이에 있을 확률을 구하여라.

04. 확률함수 t가 자유도 28인 t-분포를 따른다고 할 때 $P(t > t_\alpha) = 0.01$가 되는 t_α를 구하여라.

(a) 부록을 참조하여 구하여라.

(b) SAS 프로그램을 작성하여 구하여라.

05. 확률변수 X가 자유도 30인 카이제곱분포를 따른다고 할 때 $P(X \geq \chi^2_\alpha) = 0.025$가 되는 χ^2_α을 구하여라.

(a) 부록을 참조하여 구하여라.

(b) SAS 프로그램을 작성하여 구하여라.

제15장

추정

모집단으로부터 표본을 추출하여 자료를 얻고 이 자료를 분석하여 모집단의 미지의 모수의 값을 추측하거나 결정하는 과정을 통계적 추론(statistical inference)이라 한다. 통계적 추론은 크게 추정(estimation)과 가설검정(hypothesis testing) 두 분야로 나누어 진다. 이 장에서는 먼저 추정을 다룬다. 미지의 모수를 추정하는 방법에는 모수를 하나의 값으로 간주하여 추정하는 점추정(point estimation)과 모수가 포함되리라고 기대하는 범위를 구하는 구간추정(interval estimation) 두 가지가 있다.

15.1 점추정

좋은 추정량이 되기 위해서 가져야할 바람직한 성질로는 불편성(unbiased property)을 들 수 있다.

▷ 불편성

모수 θ의 모든 값에 대하여 $E(\hat{\theta}) = \theta$이면 $\hat{\theta}$을 θ의 **불편추정량**(unbiased estimator)이라 한다.

다음은 표본평균 $\overline{X} = \frac{1}{n}\sum_{i=1}^{n} X_i$는 모평균 μ의 불편추정량임을 보인다.

$$E(\overline{X}) = E\left(\frac{1}{n}\sum_{i=1}^{n} X_i\right) = \frac{1}{n}E\left(\sum_{i=1}^{n} X_i\right) = \frac{n\mu}{n} = \mu$$

따라서 표본평균 $\overline{X}$는 모평균 μ의 좋은 추정량이라 할 수 있다.

다음은 표본분산 $s^2 = \frac{1}{n-1}\sum_{i=1}^{n}(x_i - \overline{x})^2$는 모분산 σ^2의 불편추정량임을 보인다.

$$\begin{aligned} E(s^2) &= E\left[\frac{1}{n-1}\sum_{i=1}^{n}(x_i - \overline{x})^2\right] \\ &= \frac{1}{n-1}E\left[\sum_{i=1}^{n}(x_i^2 - 2x_i\overline{x} + \overline{x}^2)\right] \end{aligned}$$

$$\begin{aligned}
&= \frac{1}{n-1}\left[\sum_{i=1}^{n} E(x_i^2) - 2E\left(\overline{x}\sum_{i=1}^{n} x_i\right) + E\left(\sum_{i=1}^{n} \overline{x}^2\right)\right] \\
&= \frac{1}{n-1}\left[\sum_{i=1}^{n} E(x_i^2) - 2nE(\overline{x}^2) + nE(\overline{x}^2)\right] \\
&= \frac{1}{n-1}\left[\sum_{i=1}^{n} E(x_i^2) - nE(\overline{x}^2)\right] \\
&= \frac{1}{n-1}\left[n(\mu^2+\sigma^2) - n\left(\mu^2 + \frac{\sigma^2}{n}\right)\right] \\
&= \sigma^2
\end{aligned}$$

표본분산 s^2 역시 모분산 σ^2의 좋은 추정량이라 할 수 있다.

이제 표준편차의 추정량에 대해서 알아보자. 먼저 추정량 $\hat{\theta}$의 표준편차를 **표준오차**(standard error)라 하고 $S.E.(\hat{\theta})$로 나타낸다. 예를 들어, $\overline{X}$의 분산은 다음과 같이 나타낼 수 있다.

$$\begin{aligned}
V(\overline{X}) &= V\left(\frac{X_1 + X_2 + \cdots + X_n}{n}\right) \\
&= \frac{1}{n^2} V(X_1 + X_2 + \cdots + X_n) \\
&= \frac{1}{n} V(X)
\end{aligned}$$

그러므로 $\overline{X}$의 표준오차 $S.E.(\overline{X})$는 $\frac{\sigma}{\sqrt{n}}$로 주어진다.

표본표준편차 s는 모표준편차 σ의 불편의 추정량은 아니지만 n이 크면 s를 σ의 불편의 추정량으로 간주한다. 따라서 $\overline{X}$의 추정량으로 다음을 사용한다.

$$S.E.(\overline{X}) = \frac{s}{\sqrt{n}}$$

▷ 모비율

모비율은 찬성률, 제품의 불량률 등과 같이 모집단에서 어떤 특성을 갖는 개체들의 비율이며 p로 표기한다. 그리고 랜덤표본 X_1, X_2, $\cdots$, X_n을 추출하여 어떤 특성을 갖는 관측들의 개수를 X라 하면 $X \sim B(n,\ p)$가 된다. 모비율의 추정량인 표본비율은 다음과 같이 정의한다.

$$\hat{p} = \frac{X}{n}$$

먼저

$$E(\hat{p}) = E\left(\frac{X}{n}\right) = \frac{E(X)}{n} = \frac{np}{n} = p$$

이기 때문에 $\hat{p}$은 p의 불편의 추정량이 된다. 더불어

$$V(\hat{p}) = V\left(\frac{X}{n}\right) = \frac{1}{n^2} V(X) = \frac{np(1-p)}{n^2} = \frac{p(1-p)}{n}$$

이므로 표준오차 $S.E.(\hat{p}) = \sqrt{\frac{\hat{p}(1-\hat{p})}{n}}$ 로 사용할 수 있다.

15.2 구간추정

θ_1, θ_2를 표본으로부터 계산한 미지인 모수 θ의 추정량이라 하자. 주어진 수 α $(0<\alpha<1)$에 대하여

$$P[\theta_1 < \theta < \theta_2] = 1-\alpha$$

가 성립할 때 구간 (θ_1, θ_2)를 θ의 $100(1-\alpha)\%$ 신뢰구간이라 한다. α를 유의수준 또는 위험률이라 부르고 $1-\alpha$를 신뢰수준 또는 신뢰도라 한다. 나아가 θ_1을 신뢰하한, θ_2를 신뢰상한이라 한다. 예를 들어 $\alpha=0.05$이면 $P[\theta_1 < \theta < \theta_2] = 1-0.05 = 0.95$는 θ가 구간 (θ_1, θ_2)에 들어갈 확률이 95%임을 의미한다.

▷ 모평균 μ에 대한 신뢰구간

모집단의 표준편차 σ가 주어지는 경우

$$\overline{X} \sim N\left(\mu, \frac{\sigma^2}{n}\right), \qquad Z = \frac{\overline{X}-\mu}{\frac{\sigma}{\sqrt{n}}} \sim N(0,\ 1)$$

을 따른다. 따라서 표준정규분포의 성질에 의해서 다음이 성립한다.

$$P(-z_{\alpha/2} < Z < z_{\alpha/2}) = 1-\alpha$$

주목 $z_{\alpha/2}$는 표준정규분포에서 오른쪽 끝 부분의 넓이가 $\frac{\alpha}{2}$가 되게 하는 값이다.

Z를 대입하고 정리하면

$$P\left(-z_\alpha < \frac{\overline{X}-\mu}{\sigma/\sqrt{n}} < z_\alpha\right) = 1-\alpha$$

$$\Leftrightarrow P\left(-\overline{X} - z_\alpha \frac{\sigma}{\sqrt{n}} < -\mu < -\overline{X} + z_\alpha \frac{\sigma}{\sqrt{n}}\right) = 1-\alpha$$

$$\Leftrightarrow P\left(\overline{X} - z_\alpha \frac{\sigma}{\sqrt{n}} < \mu < \overline{X} + z_\alpha \frac{\sigma}{\sqrt{n}}\right) = 1-\alpha$$

즉 모집단 미지모수 μ에 대한 $100(1-\alpha)\%$ 신뢰구간은 다음과 같이 주어진다.

$$\left(\overline{X}-z_{\alpha}\frac{\sigma}{\sqrt{n}},\ \overline{X}+z_{\alpha}\frac{\sigma}{\sqrt{n}}\right)$$

예를 들면, $\alpha=0.2$일 경우 $P(-z_{\alpha/2}<Z<z_{\alpha/2})=1-\alpha$는 $P(-z_{0.1}<Z<z_{0.1})=0.80$, 즉 $P(-1.282<Z<1.282)=0.80$가 된다. 많이 쓰이는 유의수준 α에 대한 신뢰구간은 다음과 같다.

μ에 대한 90% 신뢰구간($\alpha=0.10$): $\left(\overline{X}-1.645\frac{\sigma}{\sqrt{n}},\ \overline{X}+1.645\frac{\sigma}{\sqrt{n}}\right)$

μ에 대한 95% 신뢰구간($\alpha=0.05$): $\left(\overline{X}-1.960\frac{\sigma}{\sqrt{n}},\ \overline{X}+1.960\frac{\sigma}{\sqrt{n}}\right)$

μ에 대한 99% 신뢰구간($\alpha=0.01$): $\left(\overline{X}-2.575\frac{\sigma}{\sqrt{n}},\ \overline{X}+2.575\frac{\sigma}{\sqrt{n}}\right)$

예제 15.1

우리나라의 3학년 전 학생의 6월 수학 수능 모의고사 성적의 모평균은 μ이고, 모표준편차는 14이다. 전국적으로 3학년 학생 200명을 뽑아 수학 성적을 조사하였더니 표본평균 $\overline{X}=115$이 나왔다. μ에 대한 99% 신뢰구간을 구하여라.

풀이 $n=200$, $\sigma=14$, $\overline{X}=115$, $\alpha=0.01$이다. 그리고 $z_{\alpha/2}=2.575$가 되기 때문에 $z_{\alpha/2}\frac{\sigma}{\sqrt{n}}=2.575\frac{14}{\sqrt{200}}=2.55$로 주어진다. 따라서 μ에 대한 99% 신뢰구간은 $(115-2.55,\ 115+2.55)=(112.45, 117.55)$이다. ■■■

모집단의 표준편차 σ를 모르는 경우 표본으로부터 모수 μ에 대한 신뢰구간을 계산할 수 없다. 하지만 표본의 크기가 클 때($n\geq 30$)는 표본표준편차 s를 σ 대신 아래와 같이 사용할 수 있다.

- **대표본($n\geq 30$)에서 모평균 μ의 $100(1-\alpha)\%$ 신뢰구간:**

$$\left(\overline{X}-z_{\alpha/2}\frac{s}{\sqrt{n}},\ \overline{X}+z_{\alpha/2}\frac{s}{\sqrt{n}}\right)$$

모집단의 표준편차 σ를 모르며 표본의 크기가 작을 경우($n<30$)에는 다음과 같이

자유도가 $n-1$인 t-분포를 사용한다.

$$t = \frac{\overline{X} - \mu}{s/\sqrt{n}}$$

또한 t-분포의 성질에 의해서 다음이 성립한다.

$$P[-t_{\alpha/2}(n-1) < t < t_{\alpha/2}(n-1)] = 1-\alpha$$

주목 $t_{\alpha/2}(n-1)$은 자유도가 $n-1$인 t-분포에서 오른쪽 끝 부분의 넓이가 $\frac{\alpha}{2}$가 되게 하는 값이다.

t를 대입하고 정리하면

$$P\left(\overline{X} - t_{\alpha/2}(n-1)\frac{s}{\sqrt{n}} < \mu < \overline{X} + t_{\alpha/2}(n-1)\frac{s}{\sqrt{n}}\right) = 1-\alpha$$

가 된다. 즉 모집단 미지모수 μ에 대한 $100(1-\alpha)\%$ 신뢰구간은 다음과 같이 주어진다.

- **소표본($n < 30$)에서 모평균 μ의 $100(1-\alpha)\%$ 신뢰구간:**

$$\left(\overline{X} - t_{\alpha/2}(n-1)\frac{s}{\sqrt{n}},\ \overline{X} + t_{\alpha/2}(n-1)\frac{s}{\sqrt{n}}\right)$$

예제 15.2

얇은 금속판을 만드는 제철공장에서 생산된 금속판 중 20개의 표본을 추출하여 두께(단위: mm)를 재었더니 다음과 같았다. 이 제철공장에서 생산되는 금속판의 모평균 μ의 95% 신뢰구간을 구하여라.

1.956	2.045	2.013	1.998	2.105	1.923	1.997	1.896	2.001	2.030
2.073	1.937	1.986	2.025	2.020	1.899	2.005	2.010	1.955	1.900

(a) 금속판 두께는 정규분포를 따른다고 가정하는 경우
(b) 금속판 두께가 t-분포를 따른다고 가정하는 경우

풀이 (a) $n=20$, $\overline{X}=1.989$, $s=0.0576$이다. 그리고 $z_{\alpha/2}=1.960$가 되기 때문에

$$z_{\alpha/2}\frac{s}{\sqrt{n}}=1.960\frac{0.0576}{\sqrt{20}}=0.0252$$

로 주어진다. 따라서 μ에 대한 95% 신뢰구간은

$$(1.989-0.0252,\ 1.989+0.0252)=(1.964,\ 2.014)$$

이다.

SAS 프로그램은 아래와 같이 작성할 수 있다.

```
title 'confidence level of estimation: normal';
data interval;
input thick @@;
cards;
1.956 2.045 2.013 1.998 2.105 1.923 1.997 1.896
2.001 2.030 2.073 1.937 1.986 2.025 2.020 1.899
2.005 2.010 1.955 1.900
run;
proc means mean std clm;
  var thick;
run;
```

실행결과

```
confidence level of estimation: normal

The MEANS Procedure

분석 변수 : thick

                            평균에 대한 95%   평균에 대한 95%
 평균값        표준편차         신뢰하한           신뢰상한
---------------------------------------------------------------
 1.9887000   0.0576424     1.9617225         2.0156775
---------------------------------------------------------------
```

(b) $n=20$, $\overline{X}=1.989$, $s=0.0576$이다. $t_{\alpha/2}(n-1)=t_{0.025}(19)=2.093$

가 되기 때문에

$$t_{\alpha/2}(n-1)\frac{s}{\sqrt{n}} = 2.093\frac{0.0576}{\sqrt{20}} = 0.027$$

로 주어진다. 따라서 μ에 대한 95% 신뢰구간은

$$(1.989-0.027,\ 1.989+0.027) = (1.962, 2.016)$$

이다.

SAS 프로그램은 아래와 같이 작성할 수 있다.

```
title 'confidence level of estimation: t-분포';
data interval;
input thick @@;
cards;
1.956 2.045 2.013 1.998 2.105 1.923 1.997 1.896 2.001
2.030 2.073 1.937 1.986 2.025 2.020 1.899 2.005 2.010
1.955 1.900
run;
proc means n mean std;
  var thick;
  output out = data_int n=n mean=mean std=std;
  /*초기화함 */
run;
data tdist(keep = n mean std L U);
  set data_int;
  alpha =0.05/2.0;
  t = tinv(1-alpha, n-1);
  L = mean - t*std/sqrt(n);
  U = mean + t*std/sqrt(n);
run;
proc print;
run;
```

실행결과

```
confidence level of estimation: t-분포

The MEANS Procedure

분석 변수 : thick

N 평균값 표준편차

N          평균값        표준편차
--------------------------------
20       1.9887000    0.0576424
--------------------------------

Obs     n     mean      td        L        U

 1     20    1.9887  0.057642  1.96172  2.01568
```

▷ 모비율 p에 대한 신뢰구간

어떤 모집단은 한 속성을 가지는데 그 속성의 비율을 p라고 하자. 이제 n개의 표본을 모집단으로부터 추출하고 X를 이들 n개의 표본 중 그 속성을 가지는 것들의 개수라고 하자. X는 이항분포 $B(n,\ p)$를 따르고 표본비율 $\hat{p}=\dfrac{X}{n}$이므로 X의 분포는 근사적으로 $N(np, np(1-p))$이 된다. 표본의 개수 n이 클 때는 $\sqrt{np(1-p)}$와 $\sqrt{n\hat{p}(1-\hat{p})}$는 매우 가깝기 때문에

$$Z=\frac{X-np}{\sqrt{n\hat{p}(1-\hat{p})}}=\frac{(X-np)/n}{(\sqrt{n\hat{p}(1-\hat{p})})/n}=\frac{\hat{p}-p}{\sqrt{\dfrac{\hat{p}(1-\hat{p})}{n}}}$$

는 근사적으로 표준정규분포 $N(0,1)$을 따른다. 따라서 모비율 p의 $100(1-\alpha)\%$ 신뢰구간은 다음과 같다.

$$\left(\hat{p}-z_{\alpha/2}\sqrt{\frac{\hat{p}(1-\hat{p})}{n}},\ \ \hat{p}+z_{\alpha/2}\sqrt{\frac{\hat{p}(1-\hat{p})}{n}}\right)$$

예제 15.3

전국에서 청년 700명을 뽑아 실업률을 조사하였다. 700명 중 56명이 직장이 없는 실업자였다. 모실업률 p의 90% 신뢰구간을 구하여라.

풀이 변수 X를 실업자의 수라고 하자. $n=700$, $X=56$, $\alpha=0.1$ 그리고 $\hat{p}=\dfrac{X}{n}=\dfrac{56}{700}=0.08$이 된다. $z_{\alpha/2}=1.645$이기 때문에

$$z_{\alpha/2}\sqrt{\frac{\hat{p}(1-\hat{p})}{n}}=1.645\sqrt{\frac{0.08(1-0.08)}{700}}=0.0169$$

로 주어진다. 따라서 p에 대한 90% 신뢰구간은

$$(0.08-0.0169,\ 0.08+0.0169)=(0.0631,\ 0.0969)$$

이다. ■■■

제15장 연습문제

01. 섬유제조업에 종사하는 근로자의 연봉을 조사하기 위하여 40명을 우리나라 전역에 걸쳐 임의로 추출하여 이들의 연봉을 알아보았다. 그 결과 표본의 평균이 2,800만 원, 표준편차가 250만 원이었다. 자료는 정규분포를 따른다고 가정할 때 섬유제조업에 종사하는 전체 근로자의 평균연봉의

(a) 95% 신뢰구간을 추정하여라.

(b) 99% 신뢰구간을 추정하여라.

02. 다음은 가공식품업에 종사하는 근로자의 연봉을 조사하기 위하여 15명을 우리나라 전역에 걸쳐 임의로 추출하여 이들의 연봉(단위는 만 원)을 알아본 결과이다. 식품가공업에 종사하는 전체 근로자의 평균연봉의 90% 신뢰구간을 추정하여라(연봉은 t-분포를 따른다고 가정함).

```
3400 2600 3020 2980 2550 3100 4050 2200 3710 2840
2930 2340 3210 3330 2750
```

(a) 직접 계산하여 구하여라.

(b) SAS 프로그램을 작성하여 구하여라.

03. 전국에서 500명을 뽑아 인기가 많은 어느 TV 방송사의 사극 드라마 시청률을 조사하였다. 500명 중 390명이 이 사극 드라마를 시청하고 있다고 하였다. 전국 시청률 p의 95% 신뢰구간을 구하여라.

제16장

가설검정

가설검정(hypothesis testing)이란 모집단의 특성에 대한 가설을 세우고 모집단으로부터 추출한 표본을 토대로 모집단에 대한 가설의 채택이나 기각을 판정하는 통계적 기법을 말한다. 가설검정은 추출한 표본에 담긴 정보를 토대로 하여 판단하기 때문에 오류가 발생할 가능성이 상당히 높다. 따라서 검정을 할 때에는 오류의 최대 허용확률을 미리 정해 놓고 그 기준에 따라 가설의 옳고 그름을 판정하여 채택이나 기각을 결정하게 된다. 이 장에서는 모평균 μ에 대한 검정과 모비율의 검정에 대해서 알아본다.

16.1 가설검정

가설검정과 관련된 정의와 기호는 다음과 같다.

- **귀무가설** H_0

  대립가설이 참이라는 확실한 근거가 없는 경우에 받아들이는 가설이다. 현재 주어진 내용이나 현상 그대로를 유지하고자 할 때 귀무가설(null hypothesis)로 설정한다.

- **대립가설** H_1

  추출한 표본으로부터의 확실한 근거에 의하여 입증하고자 하는 가설이다. 새로운 주장이나 결과가 참임을 보이고 싶을 때 대립가설(alternative hypothesis)로 둔다.

- **유의수준** α

  귀무가설 H_0가 참인데 대립가설 H_1을 채택하는 오류를 범할 확률의 최대 허용한계이다.

검정을 할 때 대립가설이 나타내는 모수의 영역은 한쪽 또는 양쪽으로 주어진다. 모수의 영역이 한쪽으로만 주어지는 검정을 **단측검정**(one-sided test)이라 하며 양쪽에 주어지는 검정을 **양측검정**(two-sided test)이라 한다.

- **단측검정**

  (i) $H_0 : \theta = \theta_0$ (또는 $\theta \leq \theta_0$) $\qquad H_1 : \theta > \theta_0$

(ii) $H_0 : \theta = \theta_0$ (또는 $\theta \geq \theta_0$) $\qquad H_1 : \theta < \theta_0$

단측검정의 경우 유의수준 α에 대하여 z_α를 사용한다.

- **양측검정**

(iii) $H_0 : \theta = \theta_0$ $\qquad H_1 : \theta \neq \theta_0$

양측검정의 경우 유의수준 α에 대하여 $z_{\alpha/2}$를 사용한다.

16.2 모평균 μ에 대한 검정

▷모분산 σ^2을 알고 있을 때

표본평균 $\overline{X}$는 정규분포 $N\left(\mu, \frac{\sigma^2}{n}\right)$을 따르며 $Z = \frac{\overline{X} - \mu}{\sigma / \sqrt{n}}$은 표준정규분포 $N(0, 1)$를 따른다. Z 통계량을 모평균 μ를 검정하는데 사용하면 이 검정을 정규검정 또는 Z **검정**(Z test)이라 한다. Z 통계량에 따라 귀무가설 H_0를 기각 또는 채택할 수 있는데 H_0를 기각시키는 관측값(Z 통계량)의 영역을 **기각역**이라 하며 기각역이 아닌 영역을 **채택역**이라 한다. 기각역과 채택역의 경계가 되는 값을 **임계값**이라 한다.

다음 귀무가설과 대립가설 경우의 기각역을 구해보자.

$$H_0 : \mu = \mu_0 \qquad H_1 : \mu > \mu_0$$

인 경우에 표본평균 $\overline{X}$가 큰 값(μ_0보다 큰)을 가지면 귀무가설 H_0를 기각해야 한다. 즉 H_0의 기각역은 다음의 형태를 가진다.

$$H_0\text{의 기각역: } \overline{X} \geq \widetilde{\mu_0}$$

위의 $\widetilde{\mu_0}$은 유의수준 α를 고려한$[P(\overline{X} \geq \widetilde{\mu_0}) = \alpha]$ 상수이다. $\overline{X} \geq \widetilde{\mu_0}$에서

$$\begin{aligned} P(\overline{X} \geq \widetilde{\mu_0}) &= P\left(\frac{\overline{X} - \mu_0}{\sigma / \sqrt{n}} \geq \frac{\widetilde{\mu_0} - \mu_0}{\sigma / \sqrt{n}}\right) \\ &= P\left(Z \geq \frac{\widetilde{\mu_0} - \mu_0}{\sigma / \sqrt{n}}\right) \\ &= P(Z \geq z_\alpha) \end{aligned}$$

이다. 여기서 $\widetilde{\mu_0} = \mu_0 + z_\alpha \frac{\sigma}{\sqrt{n}}$가 된다. 따라서 Z 통계량에 의한 유의수준 α인 H_0의 기각역은 $Z \geq z_\alpha$으로 주어진다. 다른 형태의 기각역도 이와 유사하게 구할 수 있다. 정리하면 다음과 같다.

$$H_0 : \mu = \mu_0 \qquad H_1 : \mu > \mu_0 \text{일 때} \quad Z \geq z_\alpha$$

$$H_0 : \mu = \mu_0 \qquad H_1 : \mu < \mu_0 \text{일 때} \quad Z \leq -z_\alpha$$

$$H_0 : \mu = \mu_0 \qquad H_1 : \mu \neq \mu_0 \text{일 때} \quad |Z| \geq z_{\alpha/2}$$

▷ 모분산 σ^2을 모를 때[대표본($n \geq 30$)일 경우]

모집단의 분포가 정규분포 $N(\mu,\ \sigma^2)$을 따르지만 모분산 σ^2을 모를 때는 모표준편차 σ 대신에 표본표준편차 s를 사용하여 모평균 μ를 검정한다. 검정통계량 Z는 다음과 같다.

$$Z = \frac{\overline{X} - \mu}{s/\sqrt{n}}$$

기각역은 위의 모분산 σ^2을 알고 있는 경우와 동일하다.

예제 16.1

어느 참치 통조림의 염분 함량이 5%라고 표시되어 있다. 이를 확인하기 위하여 50통을 조사한 결과 염분함량이 $\overline{X} = 5.2\%$, $s = 0.85\%$ 이었다. 이 참치 통조림의 염분함량 표시는 정당하다고 할 수 있는가? 유의수준 5%에서 검정하여라.

풀이 귀무가설과 대립가설은 아래와 같다.

귀무가설 $H_0 : \mu = 5.0$　　대립가설 $H_1 : \mu \neq 5.0$

$n = 50$, $\alpha = 0.05$, $|Z| \geq z_{\alpha/2} = z_{0.025} = 1.96$이고, 통계량은

$$Z = \frac{\overline{X} - \mu_0}{\dfrac{s}{\sqrt{n}}} = \frac{5.2 - 5.0}{\dfrac{0.85}{\sqrt{50}}} = 1.66$$

이다. $Z = 1.66 < 1.96$이므로 유의수준 5%에서 H_0를 기각할 수 없다. 즉, 이 참치 통조림의 염분함량 표시는 정당하다고 볼 수 있다. ■■■

예제 16.2

노트북에 사용하는 배터리를 생산하는 어느 회사는 특별 공정을 거쳐서 생산된 배터리 A는 한 번 충전하면 평균 5시간 이상 사용할 수 있다고 주장한다. 다음 자료는 이 회사에서 생산된 배터리 A에 대한 사용시간을 조사한 것이다. 이 회사의 주장이 맞는지

유의수준 5%에서 SAS 프로그램을 이용하여 검정하여라.

5.1	4.8	5.5	5.6	4.5	5.0	5.2	5.3	4.4	5.0
5.6	5.3	5.1	5.3	5.4	4.8	4.9	5.4	5.1	5.1
4.7	5.2	5.3	5.6	5.2	4.7	4.8	5.5	5.2	4.8
5.0	5.1	4.9	4.7	5.3					

풀이 SAS 프로그램과 실행결과는 다음과 같다.

```
title 'Z test';
data prog16_1;
input d @@;
cards;
5.1 4.8 5.5 5.6 4.5 5.0 5.2 5.3 4.4 5.0
5.6 5.3 5.1 5.3 5.4 4.8 4.9 5.4 5.1 5.1
4.7 5.2 5.3 5.6 5.2 4.7 4.8 5.5 5.2 4.8
5.0 5.1 4.9 4.7 5.3
run;
proc means n mean std;
var d;
output out= data_new n=n mean=mean std=std;
run;
data ztest(keep = n mean std z pvalue);
set data_new;
alpha = 0.05;
mu_zero = 5.0;
z = (mean - mu_zero)*sqrt(n)/std;
pvalue = 1 - probnorm(z);
proc print;
run;
```

실행결과

```
                The MEANS Procedure

                  분석 변수 : d

         N          평균값          표준편차

        35       5.0971429       0.3110568

                    Z test

 Obs       n       mean      std        z      pvalue

   1      35    5.09714  0.31106  1.84759  0.032331
```

유의수준 $\alpha = 0.05$인 경우 기각역 $Z \geq z_{0.05} = 1.645$이다. 프로그램 실행결과 $Z = 1.84759 > 1.645$이므로 귀무가설 H_0를 기각한다. 즉, 배터리 A를 한 번 충전하면 평균 5시간 이상 사용할 수 없다. ■■■

▷ 모분산 σ^2을 모를 때[소표본($n < 30$)일 경우]

이 경우 모표준편차 σ 대신에 표본표준편차 s를 사용하여 모평균 μ를 검정하되 자유도 $n-1$인 t-분포를 따르는 아래의 t 통계량을 사용한다.

$$t = \frac{\overline{X} - \mu}{s / \sqrt{n}}$$

이를 **t검정**(t test)이라 부른다. t검정의 기각역을 정리하면 다음과 같다.

$H_0 : \mu = \mu_0$ $\quad H_1 : \mu > \mu_0$일 때 $\quad t \geq t_\alpha(n-1)$

$H_0 : \mu = \mu_0$ $\quad H_1 : \mu < \mu_0$일 때 $\quad t \leq -t_\alpha(n-1)$

$H_0 : \mu = \mu_0$ $\quad H_1 : \mu \neq \mu_0$일 때 $\quad |t| \geq t_{\alpha/2}(n-1)$

여기서 $t_\alpha(n-1)$는 자유도 $n-1$의 t-분포(부록 참조)에서 오른쪽 끝부분의 넓이가 α가 되게 하는 값이다.

예제 16.3

어떤 크래커 과자에 지방함량이 12%라고 표시되어 있다. 이를 확인하기 위하여 15개의 과자를 조사해보니 지방함량이 아래와 같았다.

12.3	11.8	11.9	12.3	12.1
11.7	12.4	11.8	12.5	12.2
12.0	12.2	12.7	11.9	12.4

지방함량 표시는 정당하다고 할 수 있는가? SAS 프로그램을 이용하여 유의수준 10%에서 검정하여라.

풀이 귀무가설과 대립가설은 아래와 같다.

$$\text{귀무가설 } H_0 : \mu = 12 \qquad \text{대립가설 } H_1 : \mu \neq 12$$

하지만 프러시저 means는 모평균에 대한 검정을 $\mu_0 = 0$에 대하여 실시한다. 그러므로 각각의 자료 X에 대하여 12를 빼준 값들을 사용한다.

```
title 't test';
data prog16_2;
input x @@;
xdiff = x - 12;
cards;
12.3 11.8 11.9 12.3 12.1
11.7 12.4 11.8 12.5 12.2
12.0 12.2 12.7 11.9 12.4
run;
proc means n mean std t prt;
var xdiff;
run;
```

실행결과

```
                    t test

             The MEANS Procedure

             분석 변수 : xdiff

  N       평균값      표준편차     t Value    Pr > |t|
------------------------------------------------------
 15    0.1466667  0.2924445     1.94       0.0725
------------------------------------------------------
```

Pr > |t| 아래에 있는 값 0.0725를 p값 또는 유의확률이라 부른다. 이 p값은 양쪽검정에 의한 결과이다. 유의확률이 유의수준보다 작으면 귀무가설 H_0을 기각하고 유의확률이 유의수준 α보다 크거나 같으면 대립가설 H_1을 기각한다. 유의수준 $\alpha = 0.1$은 t-분포에서 왼쪽 끝과 오른쪽 끝 부분의 면적이 각각 0.05임을 의미한다. 또한 유의확률 $p = 0.725$는 t-분포에서 왼쪽 끝과 오른쪽 끝 부분의 면적이 각각 0.03625를 의미한다. 이 문제에서는 유의확률 p가 유의수준 α보다 크기 때문에 H_0을 기각하지 못한다. 즉, 지방 함량 표시는 정당하다고 할 수 있다.

주목 한쪽검정일 때는 $p/2$가 유의수준 α보다 작으면 귀무가설 H_0을 기각하고, $p/2$가 유의수준보다 크거나 같으면 대립가설 H_1을 기각한다. 위의 예제 16.3의 경우 만약 귀무가설과 대립가설이 아래와 같다면

$$\text{귀무가설 } H_0 : \mu = 12 \qquad \text{대립가설 } H_1 : \mu > 12$$

$\frac{p}{2} = \frac{0.0725}{2} = 0.03625 < 0.05 = \alpha$이기 때문에 H_0을 기각시켜야 한다.

■■■

16.3 모비율의 검정

어떤 모집단의 **모비율**을 p라고 하자. 모비율의 검정(대표본의 경우)에서 귀무가설은 다음과 같이 주어진다.

$$\text{귀무가설 } H_0 : p = p_0$$

X를 이항분포 $B(n,\ p)$의 확률변수라 하면 n이 클 때 표본비율 $\hat{p} = \dfrac{X}{n}$은 근사적으로 평균 p, 분산 $\dfrac{p(1-p)}{n}$의 정규분포를 따른다. 즉 $\hat{p}$은 근사적으로 정규분포 $N\left(p_0,\ \dfrac{p_0(1-p_0)}{n}\right)$을 따른다고 할 수 있다. 따라서

$$Z = \frac{\hat{p} - p_0}{\sqrt{\dfrac{p_0(1-p_0)}{n}}}$$

은 근사적으로 표준정규분포 $N(0,\ 1)$을 따른다. 모비율 검정의 기각역을 정리하면 다음과 같다.

$$\begin{array}{lll} H_0 : p = p_0 & H_1 : p > p_0 \text{일 때} & Z \geq z_\alpha \\ H_0 : p = p_0 & H_1 : p < p_0 \text{일 때} & Z \leq -z_\alpha \\ H_0 : p = p_0 & H_1 : p \neq p_0 \text{일 때} & |Z| \geq z_{\alpha/2} \end{array}$$

예제 16.4

어느 제약회사에서 새로운 약을 개발하였다. 이 회사는 이 약을 한 달간 복용하면 치유율이 80% 이상이라고 홍보하였다. 이를 확인하기 위하여 40명의 환자에게 이 약을 복용하게 한 결과 36명이 완치되었다. 신약에 대한 이 제약회사의 홍보는 신빙성이 있다고 할 수 있는가? 유의수준 5%와 10%에서 결정하여라.

풀이 $p_0 = 0.8$, $n = 40$, $\hat{p} = 36/40 = 0.9$이며 귀무가설과 대립가설은 다음과 같다.

$$\text{귀무가설 } H_0 : p = 0.8 \qquad \text{대립가설 } H_1 : p \geq 0.8$$

유의수준 5%인 경우는 $\alpha = 0.05$, 기각역 $Z \geq z_{0.05} = 1.645$, 통계량

$$Z = \frac{0.9 - 0.8}{\sqrt{\frac{0.8(1-0.8)}{40}}} = 1.58$$

이다. $Z = 1.58 < 1.645$이므로 대립가설 H_1를 기각한다. 즉 새로이 개발된 신약으로 치료하면 치유율이 80% 이상이라고 할 수 없다.

유의수준 10%인 경우는 $\alpha = 0.1$, 기각역 $Z \geq z_{0.1} = 1.282$, 통계량

$$Z = \frac{0.9 - 0.8}{\sqrt{\frac{0.8(1-0.8)}{40}}} = 1.58$$

이다. $Z = 1.58 > 1.282$이므로 귀무가설 H_0를 기각한다. 즉, 새로이 개발된 신약으로 치료하면 치유율이 80% 이상이라고 할 수 있다. ■■■

제16장 연습문제

01. 어느 꽁치 통조림의 염분함량이 5%라고 표시되어 있다. 이를 확인하기 위하여 64통을 조사한 결과 염분함량이 $\overline{X} = 5.15\%$, $s = 0.8\%$이었다. 이 꽁치 통조림의 염분함량 표시는 정당하다고 할 수 있는가? 유의수준 12.6%에서 결정하여라.

(a) 직접 계산하여 구하여라.

(b) SAS 프로그램을 작성하여 구하여라.

02. 어느 자동차 회사는 신형자동차의 1리터당 평균 주행거리가 23km 이상이라고 주장하였다. 이를 확인하기 위하여 임의로 10대를 추출하여 조사하였으며 그 자료는 아래와 같다. 이 자동차 회사의 주장이 타당한지 유의수준 5%에서 검정하여라.

20.5	24.7	26.0	19.6	25.2	21.8	23.0	18.4	20.3	24.1

03. 디지털 카메라를 판매하는 모회사는 불량품이 12% 정도로 예상하였다. 시중에서 판매되는 350개의 디지털 카메라를 임의로 추출하여 조사하였더니 49개의 불량품이 발견되었다. 이 회사의 예상이 잘못되었다고 확신할 수 있는지 유의수준 1%와 10%에서 검정하여라.

부록

부록 1. 표준정규분포표

$$P(Z \leq z) = \int_{-\infty}^{z} \frac{1}{\sqrt{2\pi}} e^{\frac{t^2}{2}} dt$$

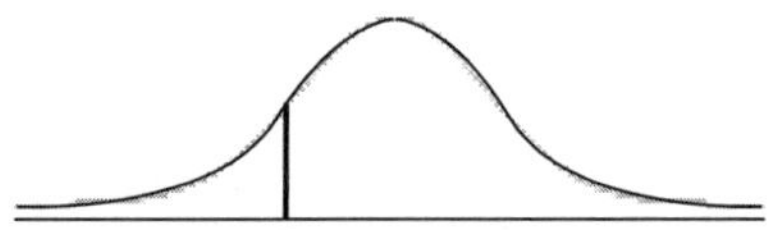

z	.00	.01	.02	.03	.04	.05	.06	.07	.08	.09
.0	0.5000	0.5040	0.5080	0.5120	0.5160	0.5199	0.5239	0.5279	0.5319	0.5359
.1	0.5398	0.5438	0.5478	0.5517	0.5557	0.5596	0.5636	0.5675	0.5714	0.5753
.2	0.5793	0.5832	0.5871	0.5910	0.5948	0.5987	0.6026	0.6064	0.6103	0.6141
.3	0.6179	0.6217	0.6255	0.6293	0.6331	0.6368	0.6406	0.6443	0.6480	0.6517
.4	0.6554	0.6591	0.6628	0.6664	0.6700	0.6736	0.6772	0.6808	0.6844	0.6879
.5	0.6915	0.6950	0.6985	0.7019	0.7054	0.7088	0.7123	0.7157	0.7190	0.7224
.6	0.7257	0.7291	0.7324	0.7357	0.7389	0.7422	0.7454	0.7486	0.7517	0.7549
.7	0.7580	0.7611	0.7642	0.7673	0.7704	0.7734	0.7764	0.7794	0.7823	0.7852
.8	0.7881	0.7910	0.7939	0.7967	0.7995	0.8023	0.8051	0.8078	0.8106	0.8133
.9	0.8159	0.8186	0.8212	0.8238	0.8264	0.8289	0.8315	0.8340	0.8365	0.8389
1.0	0.8413	0.8438	0.8461	0.8485	0.8508	0.8531	0.8554	0.8577	0.8599	0.8621
1.1	0.8643	0.8665	0.8686	0.8708	0.8729	0.8749	0.8770	0.8790	0.8810	0.8830
1.2	0.8849	0.8869	0.8888	0.8907	0.8925	0.8944	0.8962	0.8980	0.8997	0.9015
1.3	0.9032	0.9049	0.9066	0.9082	0.9099	0.9115	0.9131	0.9147	0.9162	0.9177
1.4	0.9192	0.9207	0.9222	0.9236	0.9251	0.9265	0.9279	0.9292	0.9306	0.9319
1.5	0.9332	0.9345	0.9357	0.9370	0.9382	0.9394	0.9406	0.9418	0.9429	0.9441
1.6	0.9452	0.9463	0.9474	0.9484	0.9495	0.9505	0.9515	0.9525	0.9535	0.9545
1.7	0.9554	0.9564	0.9573	0.9582	0.9591	0.9599	0.9608	0.9616	0.9625	0.9633
1.8	0.9641	0.9649	0.9656	0.9664	0.9671	0.9678	0.9686	0.9693	0.9699	0.9706
1.9	0.9713	0.9719	0.9726	0.9732	0.9738	0.9744	0.9750	0.9756	0.9761	0.9767
2.0	0.9772	0.9778	0.9783	0.9788	0.9793	0.9798	0.9803	0.9808	0.9812	0.9817
2.1	0.9821	0.9826	0.9830	0.9834	0.9838	0.9842	0.9846	0.9850	0.9854	0.9857
2.2	0.9861	0.9864	0.9868	0.9871	0.9875	0.9878	0.9881	0.9884	0.9887	0.9890
2.3	0.9893	0.9896	0.9898	0.9901	0.9904	0.9906	0.9909	0.9911	0.9913	0.9916
2.4	0.9918	0.9920	0.9922	0.9925	0.9927	0.9929	0.9931	0.9932	0.9934	0.9936
2.5	0.9938	0.9940	0.9941	0.9943	0.9945	0.9946	0.9948	0.9949	0.9951	0.9952
2.6	0.9953	0.9955	0.9956	0.9957	0.9959	0.9960	0.9961	0.9962	0.9963	0.9964
2.7	0.9965	0.9966	0.9967	0.9968	0.9969	0.9970	0.9971	0.9972	0.9973	0.9974
2.8	0.9974	0.9975	0.9976	0.9977	0.9977	0.9978	0.9979	0.9979	0.9980	0.9981
2.9	0.9981	0.9982	0.9982	0.9983	0.9984	0.9984	0.9985	0.9985	0.9986	0.9986
3.0	0.9987	0.9987	0.9987	0.9988	0.9988	0.9989	0.9989	0.9989	0.9990	0.9990
3.1	0.9990	0.9991	0.9991	0.9991	0.9992	0.9992	0.9992	0.9992	0.9993	0.9993
3.2	0.9993	0.9993	0.9994	0.9994	0.9994	0.9994	0.9994	0.9995	0.9995	0.9995
3.3	0.9995	0.9995	0.9995	0.9996	0.9996	0.9996	0.9996	0.9996	0.9996	0.9996
3.4	0.9997	0.9997	0.9997	0.9997	0.9997	0.9997	0.9997	0.9997	0.9997	0.9997
3.5	0.9998	0.9998	0.9998	0.9998	0.9998	0.9998	0.9998	0.9998	0.9998	0.9998

부록 2. t-분포표

$P(t \geq t_\alpha) = \alpha$

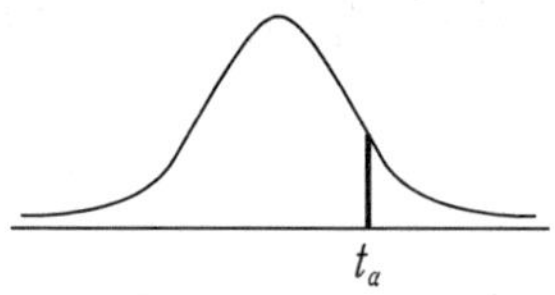

	0.20	0.15	0.1	0.05	0.025	0.01	0.005	0.001
1	1.3764	1.9626	3.0777	6.3138	12.7062	31.8205	63.6567	318.3088
2	1.0607	1.3862	1.8856	2.9200	4.3027	6.9646	9.9248	22.3271
3	0.9785	1.2498	1.6377	2.3534	3.1824	4.5407	5.8409	10.2145
4	0.9410	1.1896	1.5332	2.1318	2.7764	3.7469	4.6041	7.1732
5	0.9195	1.1558	1.4759	2.0150	2.5706	3.3649	4.0321	5.8934
6	0.9057	1.1342	1.4398	1.9432	2.4469	3.1427	3.7074	5.2076
7	0.8960	1.1192	1.4149	1.8946	2.3646	2.9980	3.4995	4.7853
8	0.8889	1.1081	1.3968	1.8595	2.3060	2.8965	3.3554	4.5008
9	0.8834	1.0997	1.3830	1.8331	2.2622	2.8214	3.2498	4.2968
10	0.8791	1.0931	1.3722	1.8125	2.2281	2.7638	3.1693	4.1437
11	0.8755	1.0877	1.3634	1.7959	2.2010	2.7181	3.1058	4.0247
12	0.8726	1.0832	1.3562	1.7823	2.1788	2.6810	3.0545	3.9296
13	0.8702	1.0795	1.3502	1.7709	2.1604	2.6503	3.0123	3.8520
14	0.8681	1.0763	1.3450	1.7613	2.1448	2.6245	2.9768	3.7874
15	0.8662	1.0735	1.3406	1.7531	2.1314	2.6025	2.9467	3.7328
16	0.8647	1.0711	1.3368	1.7459	2.1199	2.5835	2.9208	3.6862
17	0.8633	1.0690	1.3334	1.7396	2.1098	2.5669	2.8982	3.6458
18	0.8620	1.0672	1.3304	1.7341	2.1009	2.5524	2.8784	3.6105
19	0.8610	1.0655	1.3277	1.7291	2.0930	2.5395	2.8609	3.5794
20	0.8600	1.0640	1.3253	1.7247	2.0860	2.5280	2.8453	3.5518
21	0.8591	1.0627	1.3232	1.7207	2.0796	2.5176	2.8314	3.5272
22	0.8583	1.0614	1.3212	1.7171	2.0739	2.5083	2.8188	3.5050
23	0.8575	1.0603	1.3195	1.7139	2.0687	2.4999	2.8073	3.4850
24	0.8569	1.0593	1.3178	1.7109	2.0639	2.4922	2.7969	3.4668
25	0.8562	1.0584	1.3163	1.7081	2.0595	2.4851	2.7874	3.4502
26	0.8557	1.0575	1.3150	1.7056	2.0555	2.4786	2.7787	3.4350
27	0.8551	1.0567	1.3137	1.7033	2.0518	2.4727	2.7707	3.4210
28	0.8546	1.0560	1.3125	1.7011	2.0484	2.4671	2.7633	3.4082
29	0.8542	1.0553	1.3114	1.6991	2.0452	2.4620	2.7564	3.3962
30	0.8538	1.0547	1.3104	1.6973	2.0423	2.4573	2.7500	3.3852
50	0.8489	1.0473	1.2987	1.6759	2.0086	2.4033	2.6778	3.2614
100	0.8452	1.0418	1.2901	1.6602	1.9840	2.3642	2.6259	3.1737
500	0.8423	1.0375	1.2832	1.6479	1.9647	2.3338	2.5857	3.1066
1000	0.8420	1.0370	1.2824	1.6464	1.9623	2.3301	2.5808	3.0984
5000	0.8417	1.0365	1.2817	1.6452	1.9604	2.3271	2.5768	3.0919

부록 3. 카이제곱분포표

$P(X \geq \chi^2_\alpha) = \alpha$

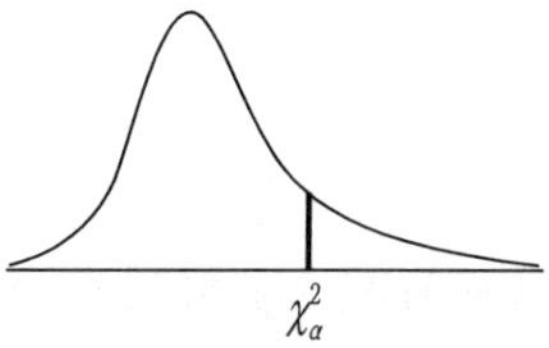

	0.20	0.15	0.1	0.05	0.025	0.01	0.005
1	1.6424	2.0723	2.7055	3.8415	5.0239	6.6349	7.8794
2	3.2189	3.7942	4.6052	5.9915	7.3778	9.2103	10.5966
3	4.6416	5.3170	6.2514	7.8147	9.3484	11.3449	12.8382
4	5.9886	6.7449	7.7794	9.4877	11.1433	13.2767	14.8603
5	7.2893	8.1152	9.2364	11.0705	12.8325	15.0863	16.7496
6	8.5581	9.4461	10.6446	12.5916	14.4494	16.8119	18.5476
7	9.8032	10.7479	12.0170	14.0671	16.0128	18.4753	20.2777
8	11.0301	12.0271	13.3616	15.5073	17.5345	20.0902	21.9550
9	12.2421	13.2880	14.6837	16.9190	19.0228	21.6660	23.5894
10	13.4420	14.5339	15.9872	18.3070	20.4832	23.2093	25.1882
11	14.6314	15.7671	17.2750	19.6751	21.9200	24.7250	26.7568
12	15.8120	16.9893	18.5493	21.0261	23.3367	26.2170	28.2995
13	16.9848	18.2020	19.8119	22.3620	24.7356	27.6882	29.8195
14	18.1508	19.4062	21.0641	23.6848	26.1189	29.1412	31.3193
15	19.3107	20.6030	22.3071	24.9958	27.4884	30.5779	32.8013
16	20.4651	21.7931	23.5418	26.2962	28.8454	31.9999	34.2672
17	21.6146	22.9770	24.7690	27.5871	30.1910	33.4087	35.7185
18	22.7595	24.1555	25.9894	28.8693	31.5264	34.8053	37.1565
19	23.9004	25.3289	27.2036	30.1435	32.8523	36.1909	38.5823
20	25.0375	26.4976	28.4120	31.4104	34.1696	37.5662	39.9968
21	26.1711	27.6620	29.6151	32.6706	35.4789	38.9322	41.4011
22	27.3015	28.8225	30.8133	33.9244	36.7807	40.2894	42.7957
23	28.4288	29.9792	32.0069	35.1725	38.0756	41.6384	44.1813
24	29.5533	31.1325	33.1962	36.4150	39.3641	42.9798	45.5585
25	30.6752	32.2825	34.3816	37.6525	40.6465	44.3141	46.9279
26	31.7946	33.4295	35.5632	38.8851	41.9232	45.6417	48.2899
27	32.9117	34.5736	36.7412	40.1133	43.1945	46.9629	49.6449
28	34.0266	35.7150	37.9159	41.3371	44.4608	48.2782	50.9934
29	35.1394	36.8538	39.0875	42.5570	45.7223	49.5879	52.3356
30	36.2502	37.9903	40.2560	43.7730	46.9792	50.8922	53.6720
31	37.3591	39.1244	41.4217	44.9853	48.2319	52.1914	55.0027
32	38.4663	40.2563	42.5847	46.1943	49.4804	53.4858	56.3281
33	39.5718	41.3861	43.7452	47.3999	50.7251	54.7755	57.6484
34	40.6756	42.5140	44.9032	48.6024	51.9660	56.0609	58.9639
35	41.7780	43.6399	46.0588	49.8018	53.2033	57.3421	60.2748

부록 4. 분포표를 생성하는 SAS 프로그램

▷ 표준정규분포표를 생성하는 SAS 프로그램

```
title 'standard normal table';
data SNT;
file print;
do z1 = 0 to 3.5 by 0.1;
  do z2 = 0 to 0.09 by 0.01;
    p = probnorm(z1+z2);
        put p f8.4 @@;
  end;
  put /;
end;
run;
```

▷ t-분포표를 생성하는 SAS 프로그램

```
title 't_stud table';
data t_stud;
file print;
do n = 1 to 30;
  do alpa = 0.20, 0.15, 0.1, 0.05, 0.025, 0.01, 0.005, 0.001;
    p = tinv(1-alpa, n);
        put p f10.4 @@;
  end;
  put /;
end;
run;
```

▷ 카이제곱분포표를 생성하는 SAS 프로그램

```
title 'chi-dist table';
data chi_dist;
file print;
do n = 1 to 35;
  do alpa = 0.20, 0.15, 0.1, 0.05, 0.025, 0.01, 0.005;
    p = cinv(1-alpa, n);
        put p f10.4 @@;
  end;
  put /;
end;
run;
```

참고문헌

- 권세혁, 《SAS 기초-함수와 Base Procedure》, 교우사, 2005.
- 고왕경 · 배종성 · 손영숙 · 심정욱 · 조완현, 《통계학개론》, 경문사, 1991.
- 김기영 · 강현철 · 최병진, 《예제로 배우는 SAS입문 및 기초 프로그래밍》, 자유아카데미, 2003.
- 김주목, 《SAS를 할용한 통계의 이해와 분석》, 경문사, 2009.
- 김해경 · 윤진희, 《확률과 통계-이론적 기초》, 경문사, 2004.
- 김해경 · 최승희, 《통계적 자료분석의 이론과 실제》, 경문사, 2002.
- 오종철 · 김현철, 《통계분석을 위한 SAS 통계 패키지》, 민영사, 2004.
- 오해영, 《SAS를 이용한 통계학의 이해》, 교우사, 2008.
- 이민영, 《확률 및 통계입문》, 경문사, 2003.

- Lee J. Bain and Max Engelhardt, *Introduction to Probability and Mathematical Statistics*, PWS-KENT Publishing Company, 1989.
- W. Feller, *An Introduction to Probability Theory and its Applications*, Vol. 2, John Wiley, New York, 1971.
- Paul L. Meyer, *Introductory Probability and Statistical Applications*, 2nd ed., Addison-Wesley Publishing Company, 1970.
- J. S. Milton and J. C. Arnold, *Introduction to Probability and Statistics*, McGraw-Hill International Editions, New York, 1995.
- A. C. Rencher, *Linear Models in Statistics*, John Wiley and Sons, 2000.
- V. K. Rohatgi, *An Introduction to Probability Theory and Mathematical Statistics*, John Wiley and Sons, 1976.
- John Neter, William Wasserman and Michael H. Kutner, *Applied Linear Statistical Models*, 3rd ed., Irwin, Inc., 1990.

찾아보기

ㅇ

ㅈ

ㅊ

ㅋ

ㅌ

ㅍ

U

V

W

Z

기타

SAS를 활용한

확률과 통계

지은이 김군찬
펴낸이 박문규
펴낸곳 KM 경문사
펴낸날 2012년 1월 5일
등 록 1979년 11월 9일 제9-9호
주 소 121-818, 서울특별시 마포구 와우산로 174
전 화 (02)332-2004 팩스 (02)336-5193
이메일 kyungmoon@kyungmoon.com

값 18,000원

ISBN 978-89-6105-492-8